U0331010

丁如许 主编

中职校卷

魅力班会课

大夏书系·全国中小学班主任培训用书

「魅力班会课」系列丛书

华东师范大学出版社

全国百佳图书出版单位

上海
著名商标
ECNUP

序一　班会课大有可为

张万祥[1]

从 20 世纪 80 年代至今，丁如许先生"咬定青山不放松"，专心致志地研究班会课，成果丰硕，享誉全国。他矢志不渝的精神让我敬佩。可以说，他不仅是"上好班会课的高手"，而且是"全国研究中小学班会课第一人"。如今，丁如许先生主编的《魅力班会课（中职校卷）》即将问世，他嘱我写序，盛情难却，我遵嘱完成这项任务。

首先，请允许我谈一个认识。我认为班会课是一项综合性很强，最能体现班主任的素质、学识、教育理念以及专业化水平的活动。

要想上好班会课，应该做到以下几点：一是班主任要有较为完善的设计和指导方案，要有充分的准备，这个设计必须有创意，新颖，有吸引力，有"延伸力"；二是学生要全力投入，有主体能动性，有需要，有活动，有效益；三是扣紧班级工作计划；四是有明确的教育主题，要体现直接的教育性和潜移默化的教育性；五是要形成系列，环环相扣，前后衔接。

其次，请允许我作一个比较。1986 年，为了让班会课不空泛不杂乱，我编写了《中学班主任系列讲话稿》，16 万字，有 40 个主题教育点，即 40 讲。

看到这本书有 25 篇文章，也就是 25 节课，立即产生了似曾相识的感觉，二者有许多相同相近的选题。不过这本书是 25 位中职校班主任针对中职校学生这个群体的思考实践，是集思广益之作，又由大家丁如许先生设计指点编辑，在各方面都超过了我当年探索和思考的广度、深度。而且，这本书形式更为丰富多彩。

班会课的意义是多元的，班会课的研究内容也是极其丰富的。班主任开展任何教育，尤其是主题教育，都必须把培育良好的思想品德作为主要内容。班主任要引导青少年了解、继承中华民族的传统美德。

这里我想强调的第一点是班会课一定要具有系统性。不能"蜻蜓点水"，

---

[1] 德育特级教师，享受国务院政府特殊津贴专家。

不能"打一枪换一个地方"。丁如许先生的成名作是《初中班（队、团）全程系列活动》，这本书突出了"系列"，后来他的一系列关于班会课的著作，也都突出了"系列"这一特点。

我想强调的第二点是要高度重视创新。创新是班会课的灵魂。有新意才会有生命力，才会发挥德育的实效。首先，活动内容上要与时俱进，要随着班集体的发展，随着客观形势的变化和青少年在新时期新的需求，不断丰富和充实班会课的内容。班会课内容不能总是"老和尚念经——天天一套"，如果千篇一律，别说入心，就连入耳也是不可能的。同样是立志、爱国这样的教育内容，如果还用陈旧的老材料，就很难在青少年的心中激起火花。其次，从活动的形式上看，再好的内容，若不是用青少年喜闻乐见的形式呈现，也不会达到预期效果。班会课不能照猫画虎，不能老生常谈，不能故步自封，不能千篇一律。要保持高度吸引力，要获得最佳效果，就必须创新，就必须张扬个性，贴近时代，回归生活，凸显体验，方式多样，并采用现代手段。

《班主任工作创新艺术100招》是我的成名作，这本书深受青年班主任的厚爱就在于创新。我想，青年班主任朋友们一定会高擎创新的大旗，在班会课的创新上承前启后，继往开来，谱写出新的乐章。一定会超越我，超越丁如许先生。

丁如许先生在享有盛名的"魅力班会课"系列丛书题为"打造精品课，共享资源库"的后记里写道："班级活动如何设计与实施才能满足学生的要求？如何在班级活动的设计与组织实施中体现自主创新理念？班会课设计原则、基本方法、模式建构，以及在设计和实施中常见问题的分析与解决方法是什么？"这些问题应该成为我们长期研究的课题。

班会课的研究，是一片广袤的天地，需要我们时时创新，也值得潜心研究、精心探索。

班会课大有可为！班会课研究，任重而道远。

2017年6月1日于津门

序二　怎样上好班会课

丁如许

这些年来，班主任专业化发展得到了普遍的重视。全国各地班主任加强研究，成果丰硕。

在华东师范大学出版社的大力支持下，我主编了国内第一套班会课系列参考用书，目前已有《打造魅力班会课》、《魅力班会课（小学卷）》、《魅力班会课（初中卷）》、《魅力班会课（高中卷）》、《小学主题教育36课》、《初中主题教育36课》、《高中主题教育28课》、《班会课100问》、《魅力微班会》等9本书，成为华东师范大学出版社大夏书系的一个品牌："魅力班会课"系列丛书。我也应邀在全国各地作了1000多场怎样上好班会课的专题讲座。

"打造魅力班会课"，应成为广大班主任的必修课，成为优秀班主任的必胜招。

一、上好班会课的基本认识

我曾将班会课的常见课型分为四类：班级例会、班级活动、主题教育课、班级大会。在实践中，通过不断思考，现在我将班会课的常见课型分为班级例会和主题班会两大类。

所谓班级例会，强调的是"例行"，主要对学校工作进行布置，对班级存在的问题进行处理。其特点为"就事论事"。

上好班级例会，我的经验是：注意观察班情，及时发现问题，解决问题的措施要有效。同时为提高效率，可以做必备的课件，印必需的资料。

所谓主题班会，重点为"主题"，主要根据学校工作布置和班级具体情况召开。我将主题班会分为以学生活动为主的主题活动和以班主任讲述为主的主题教育课。

主题活动式的主题班会，顾名思义，要活要动，形式活泼多样，学生心动行动。这样的班会让学生走上前台，重在"实践体验，锻炼成长"，但存在"准备时间长"和"过分准备"的弊端。

主题教育课式的主题班会由班主任主讲，体现"教育为先，指导为重"，但存在"说教"的可能。不过这些年来，许多老师的课堂实践努力走进学生的内心，以我的真心换你的真心，以我的真情动你的真情，收到了很好的效果。

经验告诉我们，班级例会重在解决管理的问题，主题班会重在体现教育的功能。

但实践中有些班主任不喜欢上主题班会。他们面临"准备时间长"、"过分准备"、"说教"等问题。许多班主任有着"不会上"、"不想上"、"上不好"等烦恼和困惑。

原因是多方面的，问题也是可以解决的。班主任只要静心研究，一定会感受到工作的快乐以及师生成长的喜悦。

班主任不要轻易将班会课变为"补课课"、"自修课"，更不要使其沦为"训话课"、"表演课"，而要认真研究怎样上好班会课。让精彩的班会课成为学生幸福生活的基础，让难忘的班会课成为学生时代的美好回忆。

（一）精心选题材

要上好班会课，需要做的事很多。许多班主任感到选题比较难。我认为应紧扣学生的成长需要，主要思考以下三点：

1.根据班情选题。

每个班级在发展的过程中都会有自己的问题。班会课的选题要根据班情来确定。我们班的学生自觉遵守纪律吗？我们班的学生会主动学习吗？我们班的学生人际交往的能力如何？

2.根据教育要求选题。

作为班主任，应将"我为国家育英才"作为自己的职责。班主任要认真学习党和国家的教育方针，认真学习教育部和地方教育行政部门的有关文件，思考工作的重点。我主张班主任在电脑内应设置专用的文件夹，收集文件，加强学习。

我并不要求老师们对文件倒背如流，而是建议老师们在需要的时候将有关文件找出来，查一查，学一学，想一想应该做什么，怎样做会做得更好。其实班主任需要重点学习的教育文件目前也就10多个，如《中小学文明礼仪教育指导纲要》、《中小学心理健康教育指导纲要》、《中小学公共安全教育指导纲要》等。这些文件都是在许多学校实践的基础上制定的，对各学段的教育重点有明确要求，有利于我们把握方向，"管好自己的路段"。

3. 选择生活中的新题。

新颖的题材，将赋予班会课鲜活的生命力。像新媒介素质教育、"中国梦，我的梦"、核心素养、必备品格、心理健康、人际交往等选题，我们都应该进行认真的研究。

我将以上要点概括为"下接地气，上接天线，研究新题"。实践还启示我们，班会课的选题应做到"小"（切口要小）、"近"（贴近生活）、"实"（话题实在）、"新"（新鲜题材）。

（二）运用好形式

要上好班会课，形式也很重要。运用好形式，有两个含义：一是用好的形式，学生喜闻乐见；二是将形式用好，恰到好处。

要用好形式，首先要向优秀班主任学习。许多优秀班主任在实践中创造了成功的案例。我主编"魅力班会课"系列丛书时，阅读了来自全国各地大量的优秀案例。我经常有这样的感动："亏他们想得出"、"亏他们做得好"。近年来，我又在全国各地观看了许多精彩的班会课展示交流，深深感到"它山之石，可以攻玉"。

但学习他人的经验，不能机械地照搬，一定要根据班情适当地加以改变。我在许多地方讲课时，不少老师告诉我，借助我主编的书，他们在班主任基本功大赛中摘金夺银。我想，这就是他们"化用"的成果。但我想说的是，我们更希望老师们借助他人的成果，在班会课的家常课、随堂课上也取得出色的成绩。这是完全可以做到的，只要老师结合班情加以改造。

过去人们常说"熟读唐诗三百首，不会作诗也会吟"。我想仿造一句："研读案例60篇，不能赛课也能上。"之所以提60篇，原因有二：第一，我主编的班会课书籍，给不同学段提供的优秀教案有60篇左右。如《魅力班会课（小学卷）》25篇，《小学主题教育36课》36篇，加起来61篇，可以满足基本的需求。第二，60是3的倍数。在传统文化中，3的倍数出现时，既可以指实数，也可以指虚数，60也指更多的案例。

在学习的基础上，老师们应注重创新。为了提高工作效率，我主张班主任要有意遵循创造学的基本方法，那就是"加"、"变"、"移"、"创"。

"加"，可增加新的内容、新的亮点；"变"，取他人的长处适当加以变化；"移"，将他人的好做法移植过来；"创"，创造新的做法。

班主任还应鼓励学生积极创新。召开班委会，征集金点子，发布招贤令，实施小组承包制，都是有效的做法。事实上，学生常常会有令人惊喜的表现。

我要补充的是，在鼓励、发挥学生积极性的同时，班主任应对学生予以积极的指导，师生共同努力，上好班会课。在形式上，我还要强调的是，形式服从内容，内容决定形式，坚决摒弃形式主义。

对班会课形式的选择也可用四个字加以概括，即"巧"、"易"、"新"、"变"。"巧"，强调巧妙、适合；"易"，强调可操作性；"新"，强调要有新意；"变"，形式不能僵化，要有所变化，不断发展。

（三）突破的重点

众人划桨开大船，全国各地班主任一起努力，我们才能开创班会课研究的新局面。各地各校情况不尽相同。需努力的重点一般说来有三个：

1. 形成基本课。

长期以来，班会课存在着"东一榔头、西一棒子"的忙乱做法，许多年轻班主任对怎样上好班会课一时摸不着头绪。其实工作是有规律可循的，我们应在实践中逐步形成体现教育规律的班会课基本课，这样我们可以把握教育的主动权，得心应手地上好班会课。

一个学期一般有20周，每周有1节班会课。我想，可以将6节左右的课（具体课时因校因班而异）定为"基本课"，开展积极、主动的教育；其余的课为"机动课"，开展选择、随机教育。这样"基本课"与"机动课"相结合，就可以形成积极、主动、有序、有效的教育格局。

需要说明的是，基本课不是随机不变的，它随着学生的更换、社会的发展而变化。基本课将为校本课程奠定基础。

2. 打造特色课。

班主任应认真上好每一节班会课，要努力打造班会课的代表作，形成班会课的特色课。所谓特色课，就是你的学生、你的同事、你的领导在谈起你的班会课时，能说出令他们难忘的课，那就是你的特色课。特色课不断积累、不断发展，就形成颇具特色的班本教材。

这些年来，我和我的工作室致力于班会课研究，许多课得到了学生、家长、老师们的好评。打造特色课，也是克服教育倦怠的有效方法。

3.共建资源库。

放眼全国，许多优秀班主任的成功经验值得我们学习，而现实生活中许多班主任上班会课时寻找资料却很困难，因此建设资源库应该为我们所重视。

当然学校更应该重视班会课资源库的建设，班会课资源库主要由班会课的资料包组成。一课一个资料包（简案、详案、课件、剪辑的录像），大家共建共享。

这些年来，我主编的"魅力班会课"系列丛书，也充实了班会课的资源库。

二、编写《魅力班会课（中职校卷）》

这些年来，许多学校重视班会课研究，我主编的"魅力班会课"系列丛书受到许多学校和老师的欢迎。

2015年7月，我到安徽六安技师学院讲课时，老师们提了一个问题："丁老师，你出了那么多班会课的书，为什么没有一本我们中职校的？"我告诉老师们，我对中职校不熟悉，但我的书里也收入了中职校的课例。

不过老师们对我的回答并不满意，我便开始把这件事放在心上。

后来我和华东师范大学出版社北京分社李永梅社长说起这件事，她爽朗地表示这是好事，老师们有需求，我们应做好服务。

于是在更多地方讲课时，我便注意和中职校的老师们交流，听取他们对编书的意见。2016年11月，在杭州举办的第八届全国中小学班会课专题研讨现场会上，山西省平遥现代工程技术学校德育处孔庆生主任表达了学校愿意承办第十届全国中小学班会课专题研讨现场会的强烈愿望，并热情邀请我到他们学校听班会课，作讲座。

12月初，我来到平遥现代工程技术学校。老师们的班会课说课交流让我心生敬意，这所全国中职校德育工作先进集体的功力不凡。12月下旬，我应大连教育学院职业成人教师教育中心任重老师的邀请为大连中职校的班主任作讲座时，也感受到了大连中职校班主任对班会课的真心投入。在山西平遥、辽宁大连期间，我谈起了安徽六安老师们的编书建议，他们异口同声地表示，一定全力以赴地给予支持。

于是，我在"丁如许的博客"和"走遍中国"的讲学活动中发布了征稿消息，广泛征集志愿者。征稿得到了很多老师的积极响应。为了高效推进，我决定采取申报课题的做法。一线的班主任老师先主动申报课题，然后我们进行筛选。很快，我们收到山西、辽宁、重庆、安徽、河北、浙江、四川、广东、江苏等地老师的课题申报。为避免"撞车"，我们进行了协商调整。有老师因为选题的原因，文章未能入选，在此我深表歉意。

为了便于交流，我们特意建了微信群"《魅力班会课（中职校卷）》研究群"，老师们通过微信，可以及时、快捷地进行交流。

对于本书的编写体例，在"案例集"还是"教案选"的选择上，几经比较，决定还是采取"教案选"的写法。所谓"案例"的写法，是实录的写法，忠实于课堂，怎样上怎样写；所谓"教案"的写法，是在编制教案、上课实践的基础上，再作必要的修改。这样的"教案"其实更为成熟，可以让读者得到更多更好的借鉴。但这样工作量会大些。非常感谢每一位作者，认真落实我的主张，每节课都经过反复的打磨，经过课堂的检验，有的甚至经过了多次上课的检验。

非常感谢平遥现代工程技术学校的老师们，学校在成立班主任工作室后，特意将本书的征稿列为重要项目，开展专题研讨，由专人牵头负责，多次研课，多次改稿。他们踏实的工作保证了教案编制的快速推进。

非常感谢大连教育学院职业成人教师教育中心任重老师和大连轻工业学校刘晓敏副书记。她们作为大连中职校班主任研究工作的牵头人，积极动员班主任参加研究，热情邀请班主任入群参加讨论，在个别老师不能及时交稿时，鼓励老师"工作研究两不误"，督促老师"珍惜机会，克服困难"，保证了整个工作的有序推进。

非常感谢广东省深圳市第二职业技术学校的刘丹娜、朱素娜老师，她们在网上看到征稿消息后，主动投稿。在稿件"撞车"的情况下，乐意接受新的挑战。《炫彩人生"动"中来（体育运动话题）》《梦想照进现实（实习总动员话题）》这两篇教案各具精彩，给我留下了深刻的印象。

非常感谢江苏省张家港市第二职业高级中学的冯胜清副校长，在本书原有一位申报课题的班主任因故不能完成预定任务时，他积极鼓励本校的袁英老师"揭榜"，在短时间内高质量地完成了写稿和上课验证再修改的任务。

非常感谢的，是每篇教案的作者。他们都是学校的骨干，事务繁杂，但他们的热情，他们的认真，他们的投入，让我难以忘怀。每位读者都可以在阅读他们的教案时，在谋篇布局中感受到他们的智慧，在字里行间分享他们的思考。

非常感谢的，还有为本书投稿未被选用的教案作者，由于这样那样的原因，你们的文章未能入选。但你们的参与也为本书提供了许多有益的参考。

非常感谢的，更有我的老朋友张万祥先生。我们在上世纪80年代就相知相识。先是在《河南教育》、《班主任》等杂志上"以文相识"，后是在天津市德育工作研讨会议上"相谈甚欢"，接着在讲学活动中、在网络上，我们有越来越多的交流。非常感谢德高望重的张万祥先生，在百忙中挥毫写序，不仅对我的研究多加赞誉，而且将他多年潜心研究的心得与我们分享。他登高一呼"班会课大有可为"，将推动全国中小学和中职校班会课的深入研究和广泛普及。

非常感谢的，更有大夏书系的编辑团队。李永梅社长一直关心这一系列选题，给予了许多具体的指导。从选题定稿、版面设计到发行策划，我们邮件往来，电话联系，大夏书系的编辑团队倾心倾力，推动了本书的编写。

说了这么多，想表达的不仅是感激之情，我还想说明的是，这一节节课，不是空穴来风，不是闭门造车，而是在实践中精心打造的，是集体智慧的结晶。

非常感谢每一位老师的认真付出，每位老师都展现出自己的聪明才智，许多设计令人拍案叫绝，特别是结合了上课验证，作了进一步的修改完善。在这样的基础上，我为每一篇教案写了点评。一篇教案，一篇点评。点评既紧扣本篇教案的特点，又围绕这一特点作必要的拓展，形成上好班会课的一个要点。这样，25篇教案，25篇点评，又形成了"怎样上好班会课"的系列指导文章。需要说明的是，有些点评的话题与小学、初中、高中相同，这说明同属基本认识，有必要在不同学段作强调。当然我也补充了新的认识，分享了新的思考。

25篇教案，原则上按年级编排。但"运用之妙，存乎一心"，班主任可以根据班级实际情况，选择教育的内容。

上课贵在变化，教育贵在创新。如果本书能为班主任做好工作助一臂之力，那将是我和作者们所期盼的。

《魅力班会课（中职校卷）》以教案选的形式加入华东师范大学出版社着力打造的"魅力班会课"系列丛书，与《打造魅力班会课》（方法论），《魅力班会课》（小学卷、初中卷、高中卷）（案例卷），《班会课100问》（对策集），《小学主题教育36课》、《初中主题教育36课》、《高中主题教育28课》（教案选），《魅力微班会》（故事汇）形成丰硕的班会课研究成果，为全国各地班主任的专业成长提供有力支撑。

为中国的班主任研究发展尽全力，为班主任的幸福人生献计谋，为学生的健康成长作贡献，一直是我的追求，也是我主编本书的宗旨。

希望您喜欢这本书，希望您喜欢这套丛书，也真心期待您的指点！

2017年8月于上海

目 录

1 扬起理想的风帆（入学第一课话题）   黄 冠   1

【点评】用心设计第一课

2 梦在前方，路在脚下（职业生涯规划指导话题）   刘乐乐   9

【点评】要成为故事大王

3 文明礼仪，静润心田（文明礼仪话题）   李美丽   17

【点评】写好设计背景

4 做时间的主人（时间管理话题）   张素洁   26

【点评】用好视频

5 我相信我可以（自信话题）   汪欣然   34

【点评】教学生以方法

6 走进新一年（迎新年活动话题）   孙海丹   42

【点评】充分调动学生的积极性

7 雷锋精神永传扬（学习雷锋话题）   马立新   50

【点评】写好主持词

8 今天我们为什么要读书（读书指导话题）   付厚义   59

【点评】班主任应成为杂家

9 炫彩人生"动"中来（体育运动话题）　　　　　　　　　刘丹娜　68

【点评】提纲挈领，要点分明

10 向"优"看齐（学习优秀的同伴话题）　　　　　　　　　沈　艳　76

【点评】拟定响亮的课题

11 烟消雾散，云开花绽（校园禁烟话题）　　　　　　　　于欣彤　85

【点评】班会课应明确教育目标

12 谨慎！这个成本太高了（青春期恋爱话题）　　　　　　闫聪慧　93

【点评】结合专业特点

13 最美夕阳红（尊老敬老话题）　　　　　　　　　　　　李双钰　101

【点评】重视情景思辨题的设计

14 让手机成为学习的翅膀（如何用好手机话题）　　　　　梁　艳　109

【点评】作业布置要改进

15 点亮心灯，期待花开（信任话题）　　　　　　　　　　刘晓玲　116

【点评】设计精彩的课堂活动

16 身边的榜样（劳模精神进班级话题）　　　　　　　　　孟兆成　125

【点评】发挥"重要他人"的作用

17 拒绝校园暴力（预防校园欺凌话题）　　　　　　　　　刘垚杞　133

【点评】加强对教育文件的学习

18 背着"壳"前行（如何面对压力话题）　　　　　　　　胡　丹　141

【点评】导入要精彩

19 责任与担当（责任话题）　　　　　　　　　　　　　　袁　英　149

【点评】善于借鉴电影、电视节目

20 讲理，提升我们的素养（人际交往话题）　　　　　　　金花顺　158

【点评】"老师常谈"要出新

21 工匠精神助力青春梦（工匠精神话题）　　　　　　　　杨克叶　167

【点评】搞好调查

22 以我健康成长，报您含辛茹苦（感恩话题）　　　　　　杨德旭　174

【点评】发挥家长的作用

23 我是大明星（班级技能比赛话题）　　　　　　　　　　李　宇　181

【点评】课前准备很重要

24 梦想照进现实（实习总动员话题）　　　　　　　　　　朱素娜　189

【点评】提高语言技巧

25 拿什么打动你的面试官（企业面试技巧话题）　　　　　李瑞雪　199

【点评】走向美好的明天

1 扬起理想的风帆
（入学第一课话题）

重庆市云阳师范学校　黄　冠

设计背景

　　教育部《中等职业学校德育大纲（2014年修订）》确定的中等职业学校德育目标是："把学生培养成为爱党爱国、拥有梦想、遵纪守法、具有良好道德品质和文明行为习惯的社会主义合格公民。""拥有梦想"对学生的成长具有重要意义。俄国作家列夫·托尔斯泰说："理想是指路明灯，没有理想就没有坚定的方向，没有坚定的方向，就没有生活。"无数事实也证明，人有了美好的理想，就会在黑暗中看到光明，在困难挫折中充满信心，在艰苦拼搏中具有顽强斗志，在暂时失败中坚信胜利。拥有理想的人会把理想当作自己的精神支柱，不自暴自弃，不心灰意冷，不被困难、挫折所压倒，以坚定的信念、高昂的热情和不竭的勇气，努力奋斗向前。

　　而现在的很多中职学生进入学校后没有理想、没有目标，浑浑噩噩地过日子。因此，要培养拥有梦想的中职学生，入学第一课就要让他们扬起理想的风帆，走出"读中职没有前途，上中职是无奈选择"的误区，让他们增强自信心，了解本专业的行业现状，增强对本专业的兴趣，积极投入到学习生活之中。

教育目标

　　1. 帮助学生端正入学态度，了解行业现状，增强对所学专业的信心和兴趣。

　　2. 帮助学生树立理想，提高他们认真求学的积极性，让他们认识到读中职校也是大有可为的。

3.指导学生以饱满的激情投入到新学期的学习生活中，开启新学期的新篇章。

1.将教室的座位调整一下，同学们4人围坐成一个小组。
2.准备自我分析用的九宫格表。
3.用问卷星准备网络问卷调查表，请同学们带好手机。
4.准备学生在校活动的图片。
5.制作采访往届学生的 VCR 视频。
6.准备便利贴。

一、填写九宫格表，增强师生了解

（4个同学围坐成一组，给每个同学发九宫格的表，如表1所示。）

师：同学们，今天是我们的第一节班会课，我想利用这个时间和大家聊一聊我们的学校，我们的专业。开始之前，让我们先来做个游戏，请同学们填写九宫格表。（出示课件）

表1　九宫格

2.我的性格：	3.我的兴趣爱好：	4.我的优点与不足：
9.我想你们称呼我（我的亲切称呼）：	1.姓名： 年龄：	5.去年我最骄傲的事：
8.我新学期最大的愿望是：	7.我认为人生最重要的三件大事是：	6.我最喜欢的一句话：

（同学们拿出笔填写。）

师：接着请同学们将你填写的内容与本组同学分享。

（同学们将填写的内容读给小组的其他同学听，教师走进各组，了解学生的填写情况。）

师：刚刚你们都交流了自己写的内容，你们想不想知道我的表格内容？

（预设：学生回答，想。）

师：请看大屏幕。（出示课件，如表2所示。）

表2 教师的九宫格

2.我的性格： 开朗、热情。	3.我的兴趣爱好： 读书、写作、打乒乓球。	4.我的优点与不足： 优点：做事很专注。 不足：有时候有些小懒惰。
9.我想你们称呼我（我的亲切称呼）： 冠哥。	1.姓名：黄冠； 年龄：30。	5.去年我最骄傲的事： 上一届的学生很有出息，获得"优秀班集体"荣誉称号；很多人找到了理想的工作。
8.我新学期最大的愿望是： 同学们都有进步，一个学生都不少。	7.我认为人生最重要的三件大事是： 求学、工作、组建家庭。	6.我最喜欢的一句话： 相信自己，拼尽全力，问心无愧。

师：表格上的内容就是我的真实想法，也算是我的一个简单的自我介绍。我性格开朗，做事专注，你们可以叫我冠哥。我刚刚送走了上一届学生，他们给了我许多的感动，我也希望你们在学校拥有更多的精彩。刚刚看了你们填写的表格，我想谈谈第七个问题，同学们的答案有出生、工作、读书、结婚、死亡、赚钱、交友、旅行、美食等等，那我写的这三个答案——求学、工作、组建家庭，你们同意吗？

（预设：学生回答，同意。）

师：我再想问问大家，出生能不能选择？

（预设：学生回答，不能选择。）

师：既然出生不能选择，那么，现阶段对我们来说最重要的是什么？

（预设：学生回答，求学。）

师：对，就是求学读书。15岁至18岁是我们最宝贵的时光，如果不干正事，荒废了学业，将会遗憾终生。你们这段最美好的时光将在我们学校度过，怎样才能让这段时光最有意义呢？我们先来作个问卷调查，了解一下你们对所读专业的想法。

二、开展问卷调查，了解真实想法

师：请同学们把手机拿出来，用微信扫描屏幕上的二维码，然后填写一个问卷调查。这是网络问卷调查，不显示你们的真实姓名，但我希望你们能够认真选择，我想知道你们的真实想法，你们能不能做到？

（预设：学生回答，能。）

（同学们拿出手机，扫描二维码，进入问卷调查的页面。）

师：我们一起来看一看这些问题（出示课件）：

1. 你认为读学前教育专业有前途吗？　　　　　　　　　　（　　）

A. 很有前途　　　　　　B. 一般　　　　　　C. 没有前途

2. 你喜欢现在就读的学前教育这个专业吗？　　　　　　　（　　）

A. 很喜欢　　　　　　B. 一般喜欢　　　　　C. 不喜欢

3. 你了解我们的学校吗？　　　　　　　　　　　　　　　（　　）

A. 很了解　　　　　　B. 一般　　　　　　C. 不怎么了解

4. 你对我们学校的初步印象怎样？　　　　　　　　　　　（　　）

A. 喜欢　　　　　　　B. 一般　　　　　　C. 不喜欢

5. 你现在对今后三年的学习与生活有一个初步的目标吗？（　　）

A. 有具体的目标　　　B. 一般，顺其自然　　C 没有目标

6. 你感觉读中职校有没有价值？　　　　　　　　　　　　（　　）

A. 有价值　　　　　　B. 一般　　　　　　C 没有价值

（同学们填写。）

师：同学们请看大屏幕，我马上用软件统计出你们的问卷情况。

（预设：学生提交的问卷结果显示，认为学前教育专业有前途的不多，喜欢学前教育这个专业的也不多，很多同学对学校不是很了解，对学校的印象也一般，绝大多数学生对今后三年的学习与生活没有目标。）

师：从问卷调查显示的结果来看，你们普遍不了解学前教育的行业现状，认为学前教育专业没有前途，很多同学也不喜欢这个专业，对专业学习

内容和学校的学习生活也不是很了解。

对此，我不感到意外，甚至觉得这是意料之中的事情。许多同学来到我们学校可能是家长安排的，也可能是由于中考失利来到这里的。有的同学感觉读职校低人一等，来这里就是混时间的；有的同学带着中考失利的心理创伤入学，每天闷闷不乐，都不好意思和初中的同学、老师联系，也可能会认为老师和家长都不会重视你们。你们认为自己的梦想真的就破灭了？自己的前途真的就很渺茫？

（预设：教师讲到这里，许多同学会低下头。）

三、针对问题解惑，解开学生心结

师：俗话说，既来之，则安之。既然我们来到这里，与其悲观失望，不如坦然面对。今天，我想和同学们交流一下，希望你们听了我讲的故事后，能够扬起理想的风帆，思考自己的职校之路该如何走。我们先来看一组数据，了解学前教育专业的行业发展现状。或许学前教育专业没有你们想象得那样糟呢？

（课件展示《国家中长期教育改革和发展规划纲要（2010—2020年）》中对学前教育的规划，展示规划中关于学前教育的数据：在园人数的规划；毛入园率的变化。接着用课件介绍教育部、国家发改委、财政部《关于实施第二期学前教育三年行动计划的意见》中学前教育三年行动计划的主要措施。）

师：通过这一介绍，你们知道学前教育专业的就业前景了吧，就业前景好不好？

（预设：学生回答，好。）

师：刚刚了解了学前教育这个专业的就业前景，那么，你们还想不想知道大家在校是怎样生活的？

（预设：学生回答，想知道。）

师：好。我们来看看。（播放课件。在课件里，两个学生当志愿者，拍摄了一组日常学习生活的图片，包括寝室的内外整理、仪容仪表、就餐秩序、清洁卫生、唱歌和跳舞技能训练、课外活动、艺体节、社团活动等等，通过图片直观地介绍学校学习生活的丰富多彩。在播放的过程中，教师细致地介绍同学们在学校学习生活的情况，增强新生对学校的喜爱。）

师：你们觉得学校生活精彩吗？

（预设：学生回答，精彩。）

师：你们愿不愿意在这里学习，愿不愿意在这里度过人生最宝贵的三年？

（预设：学生回答，愿意。）

师：光是"愿意"可不行，还要落实到一个词语上。

（教师在黑板上写下"行胜于言"四个字。）

四、介绍典型案例，学习身边榜样

师：行胜于言，行动是关键。以前我遇到一些孩子，来读中职校，他们便觉得人生失去了意义，自暴自弃，整日沉迷于网络游戏，与社会上的不良青年交往，最终没有学到一点本领，三年后还是原地踏步，他们的结局让人唏嘘不已。同时，也有一些同学，他们不抱怨，不放弃，努力提升自我，取得了很好的成绩。同学们请看大屏幕，这个女生，你们感觉怎么样？

（教师展示一个女生的相片。）

（预设：同学们看完图片哈哈大笑，议论纷纷。有人还说，好胖啊。）

师：好像是有点胖。我再给大家看一张图片，你们感觉这个同学怎么样？（教师展示一张现场参赛的图片。）

（预设：学生回答，好漂亮哦，很阳光，很自信。）

师：大家说得很好，其实这两张图片的主人公是同一个人。她叫陈琪，是我校上一届的学生，去年她以《职教点亮人生，胖妞华丽蜕变》为内容，参加重庆市中职学生演讲比赛，获得二等奖，这就是她现场参赛的图片（出示照片）。我给大家读一段她演讲的内容。（出示课件）

我在初中时因为不自信，身材也不好，经常被同学和老师看不起。有一次上课的时候，我鼓起勇气举手发言，然而老师当我是空气，假装没看到，同学也嘲笑我……

后来进入了我们学校，我发现我们学校并不是只注重学习成绩，而是注重学生的全面发展。我觉得这是我重新开始的机会，于是我便参加学校的团委会招聘，加入学生组织，提高自己的综合素质。然后又努力减肥，身材也变得苗条起来。我发现自己也能改变自己。

学校给了自己机会，自己要好好把握。好好努力，也可以变得很优秀。胆小怯懦的自己已经不存在了，剩下的就是全新的自己，努力地奔向自己想要的生活。

同学们，你们听了这段演讲稿，内心有没有一丝触动，有没有感觉你们都是可以的，你们也可以变得优秀？

（预设：学生有些沉默，在思考。）

师：同学们，从陈琪同学身上我们看到了，每个人都能做得更好，都能够实现华丽的蜕变，关键是有自信心，有行动。我想再给大家介绍一个我校的同学，她叫贾玉立，大家可以百度一下，她入学时和大家的水平差不多，但是，现在她已经是一名小有名气的学前教育教师，还在课余时间主持了200多场晚会节目，大家想不想听一听她的故事？

（预设：学生回答，想。）

师：我特意采访了贾玉立同学，现在我们来听一听她的故事。

（教师播放贾玉立的视频，内容主要是贾玉立介绍入学时基础差的情况和现在取得的成绩，以及在学校期间为了提高自己各方面的素质和能力，做了哪些事情，在做这些事情过程中的感受和体会。）

五、总结全课，布置作业

师：刚刚听了贾玉立的故事，也让我们有些心情澎湃。一个人的成功绝不是一蹴而就的，是需要有理想，有目标，有努力，有行动的。好的开始是成功的一半，今天是我们的入学第一课，大家听得很认真，开了一个好头，课后请同学们把这节课的感受用100字左右记录下来，用一张便利贴贴在后面的黑板上，将满满的信心和力量传递给每一个学生和老师。新学期，撸起袖子加油干！

同学们，相逢是缘分，既然上天给我们机会让我们遇见，让我们成为师生，就让我们一起努力克服困难，共同前进，让求学时光绽放出最光辉的色彩！

（在《我的未来不是梦》的歌声里，结束本节班会课。）

用心设计第一课

中职校的第一节主题班会课究竟该怎样上？黄冠老师作了成功的实践和示范。

班会课伊始，黄老师便以九宫格表开始对学情进行了解和分析，同时以我对"人生最重要的三件大事"的认识是什么，与学生开展接地气的交流，紧接着不记名的网络调查立足于真实学情的分析，从而坦诚、务实地开展了互动交流。

针对学生存在的问题，黄老师先以国家有关政策的介绍引领学生坚定信心，再以校园学习生活的展示鼓励学生积极实践，又以陈琪、贾玉立两个本校学生真实的成长故事启迪学生要开启新篇章。

因为是入学第一课，黄老师作了充分的准备。良好的开端，意味着成功了一半。班主任应重视每一节班会课的精心设计和积极实施，让精彩的班会课引领学生成长。

因为是入学第一课，师生、生生之间可能还不够了解，所以这节课以老师讲述、介绍、指导为主，这也突出了这节课的实用性和可操作性。

这篇教案，洋溢着年轻班主任的智慧：用心，用情，心灵交流，行动导航。当然，我们不仅要上好入学第一课，还要上好每一节班会课，让学生在一节节精彩的班会课中思考、感悟、体验、成长。

（※ 点评人：丁如许。下同。——编者注）

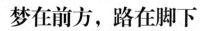

2 梦在前方，路在脚下
（职业生涯规划指导话题）

山西省平遥现代工程技术学校　刘乐乐

设计背景

　　不少人都曾经这样问自己："人生之路到底该如何走？"《礼记》云："凡事预则立，不预则废。"人生之路说长也长，因为它是你一生的诠释；人生之路说短也短，因为你生活中的每一天都是你的人生。每个人都在实践自己的人生。但有人有梦想，有规划，并勇敢行动；有人则浑浑噩噩，虚度人生。

　　中职校新生初入学校，既有如何适应新生活的困惑、迷茫，也有对新学校生活的憧憬。在新的起点上，班主任要为学生排忧解难，指点迷津，帮助学生认识自己，规划自己新的人生，确立一个个新的人生小目标，为今后的学习和生活打好基础，脚踏实地地走好每一步，用努力实现梦想，成就人生。

教育目标

　　1. 让学生明白作好人生规划的重要性。

　　2. 指导学生更好地认识自我，给自己一个准确的定位。

　　3. 让学生明白梦想（目标）的实现需要一步步规划好并坚持不懈，激发学生努力学习的积极性、主动性，以一步步的具体行动开启梦想之路。

课前准备

　　1. 准备5张A4卡纸、5卷胶带、若干本相同的书。

　　2. 提前设计好"我的规划单"，并发给每位学生。

3.制作课件。

一、观看图片，导入话题

师：请同学们观看大屏幕，图片中讲的是什么故事呢？（出示愚公移山的图片）

（预设：学生回答，愚公移山的故事。）

师：没错，图片讲述的就是愚公移山的故事，这个故事大家耳熟能详，愚公用一生的努力，去移走挡在家门口的大山，用生命诠释了"坚持就是胜利"。但现在老师想请同学们设想一下，如果愚公穿越到当下，遇到现在的你，你会带他做什么，怎样帮助他解决大山挡路的问题呢？

（预设：学生回答，我会带他去建筑工地转转，让他知道现在的挖掘机、卡车会更快地移走两座大山；我会带愚公去坐坐火车，启发他通过挖隧道来达到目的；我会带他去生态园逛逛，启发他可以种植绿化，搞旅游开发；我会建议他在没有大山阻拦的地方盖房子；等等。）

师：大家的想象力很丰富，也的确能有效地为愚公排忧解难。是啊，假如愚公穿越到现在，看到这么多解决问题的好办法，他对自己的人生规划也肯定会有所不同，他或许会选择更有效的办法解决问题，重新规划自己的人生，续写新的篇章。

（设计意图：通过愚公移山这个耳熟能详的故事，激发学生的想象力，让学生学会多种角度思考问题，开拓学生思维，活跃课堂气氛，并点出作好人生规划的重要性。）

二、分析自我，认知自我

师：作好人生规划，首先要认知自我。接下来，请同学们说说自己的兴趣爱好。

（预设：学生写出的兴趣爱好有画画、唱歌、跳舞、运动、手工制作等等。）

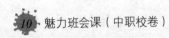

师：请同学们再说说自己的优缺点。

（预设：学生回答自己的优缺点，老师请其他同学作补充。）

（设计意图：通过让学生说出自己的兴趣爱好、优缺点，采取自评互评的形式，让学生更清楚地认识自己。）

三、畅想十年，思考当下

师：认识自我之后，相信大家对自己的未来有许多遐想了吧，那就让我们一起来穿越时空，畅游十年。请同学们思考以下问题（出示课件）：

1. 十年以后，你希望拥有怎样的生活？

2. 你觉得以你现在的状态，能实现你的理想吗？

3. 如果要实现你的理想，需要具备什么样的条件？

4. 在这些条件当中，你能达到的有哪些，不能达到的有哪些？

5. 为了十年之后的理想生活，你准备怎么做？

师：现在，我们来逐一讨论，请同学们畅所欲言。先说说十年以后，你希望拥有怎样的生活？

（预设：学生回答，我想过着安定的生活，衣食无忧的生活，环游世界的生活，蓝领的生活，事业有成的生活等等。）

师：同学们的想法很好！是啊，人就得有个梦想，有个期盼。现在，我们来个自评，你觉得以你现在的状态，能实现你刚刚说的理想生活吗？

（预设：学生回答，以我现在的状态，我觉得我离实现这种理想还有很远的距离；以我现在的状态，我觉得我一直努力下去，理想会实现的；等等。）

师：尽管有些同学觉得离自己的理想生活很遥远，但老师相信，只要我们不断努力，不断提升自己，理想生活一定会实现的，是不是？

（预设：学生回答，是！学生信心满满，声音洪亮。）

师：那好，请同学们讨论，要实现理想，需要具备什么条件呢？

（学生们小组讨论。）

（预设：学生回答，我觉得要实现理想，需要积极向上，脚踏实地，坚持不懈，奋斗拼搏，勇往直前，等等。）

师：同学们说得很好！我来作个梳理。首先，要树立明确的目标。要确立大目标，再分解成若干小目标。其次，要有扎实的基础。努力学习，夯实文化基础。再次，要具备团队合作能力。积极参加班级、社团的活动，提高团队合作能力。最后，要不断地学习，不断提升自我。

可这些条件并非人人都具备。请同学们说说，在这些条件中，你能达到的有哪些？不能达到的又有哪些？

（预设：学生回答，我现在积极向上，但做事缺乏耐心，没有毅力；有团队意识，但遇事比较急躁，处理问题不够冷静；不太喜欢学习；等等。）

师：从同学们的回答中，大家都知道自己现在存在的问题，可为了十年后拥有自己想要的生活，你准备怎样做呢？

（预设：学生回答，为了十年后的理想生活，上课认真听讲，按时完成各科作业；尊敬老师，孝顺父母；积极参加各种活动，提高团队协作意识和人际交往能力；等等。）

（设计意图：通过让学生畅想十年之后的生活，让学生做到心中有梦想，有目标。在师生对话中，让学生畅所欲言，活跃课堂气氛。）

四、游戏体验，感悟人生

师：好，相信大家心中都有了自己的一个梦想，一个目标，也都期盼着自己能过上理想的生活，那么，在此之前，我们需要做些什么呢？下面，让我们一起来做个小游戏，希望对大家有所启发。这个小游戏是这样的（出示课件）：

建书塔

游戏规则：将一张 A4 卡纸卷成圆柱形，想办法在卷成圆柱形的卡纸上堆书，3 分钟后，累积书多的一组获胜。

（学生做游戏。）

师：同学们，时间到。

（展示各组搭建的书塔。）

师：现在，老师想请建书塔建得最高的一组同学，来跟大家分享他们组建书塔的体会。

（预设：学生回答，将卡纸卷分成三份，固定在桌面上，因为三角形具有稳定性；将卡纸折得低矮粗，用胶带缠好，以增强它的硬度和承载力；等等。）

师：是啊，在建塔之初，对书塔的整体设计、构思很重要，正因为他们组塔的根基很牢固，才把书塔搭建成功。可有的组书塔却未搭建成功，那么，老师想采访下那些没有成功的小组，你们为什么会失败，又该如何避免失败呢？

（预设：学生回答，我组在建塔的过程中，因为光想着累积书，太急于求成，却没有想到根基的稳固性才是关键，导致书塔总是坍塌；应该将卡纸卷做结实，固定好才可以在上面堆放更多的书；等等。）

师：同学们，我们看到了，有的组书塔搭建得很高、很稳，有的组书塔却一直在坍塌，其根本原因是他们在建塔时没有把根基打牢，一味地追求高度，却忽略了牢固，没有计划好怎样才能一步一步把书塔搭建得更高更稳。我们的人生也一样需要规划，需要打好基础。而处于一年级的我们，正是中职校打基础的关键时期，无论是文化课还是专业课，一年级打好基础，以后发展才会更好。

（设计意图：通过建书塔的游戏，让学生在游戏中发挥想象力，锻炼学生的团队合作意识，并让学生明白梦想的实现，需要一步步规划好，要先将基础打结实。）

五、分享故事，激发斗志

师：有了规划目标，打好基础，仍需努力才能获得成功。今天，老师给大家带来一位朋友，请看大屏幕。（出示课件）

"焊痴"秦毅：80后技校生成长为"全国技术能手"

1998年9月，秦毅从上海沪东船厂技校焊接与装配专业毕业后，就职于沪东中华造船集团有限公司。这位80后，不管是酷暑严寒还是日晒雨淋，总是拿着一把焊枪勤学苦练。为了学好技术，他常常连续几个小时埋头练习，直到焊枪烫得握不住才罢手。

秦毅吃饭时，也会拿着筷子模仿焊条在空中比划，"焊痴"由此得名。

经过不断的钻研，秦毅在实际操作中提高了自己的焊接本领，并创立了一套独特的"仰板焊接"法，在艰苦的船舶焊接领域创造出了属于自己的辉煌。2001年1月，秦毅凭借这一绝活，在上海船舶工业公司选拔赛上以第一名的成绩胜出，并在中国船舶工业集团公司焊接比赛中勇夺第一，将"中国船舶公司技术能手"的美誉收入囊中。

面对接踵而至的荣誉，秦毅没有居功自傲，而是加倍努力，承担起各种高、难、险、急的焊接任务。他在参加国家和地方各级焊接比赛中一路过关斩将，摘金夺银，成为沪东中华造船集团有限公司最年轻的焊接高级技师、专家型人才、"全国技术能手"，同时，他也是集团内获得权威认证机构——法国 GTT 公司颁发的殷瓦焊接 G 证的第一人。

师：有哪位同学愿意说说你眼中的这位朋友是个怎样的人？
（预设：学生回答，有恒心，有毅力，努力，不断钻研，等等。）
师：是啊，焊痴秦毅能取得现在的成就，离不开他背后所付出的努力与汗水。他选择了焊接专业，并不断钻研焊接技术，最后在焊接这个平凡的岗位上取得了非凡的成就。同学们也要像他那样，既然选择了本专业，老师相信，只要大家努力学习，不断钻研，一定会在本行业取得好成绩的，对吧！
（预设：学生回答，对！）
（设计意图：通过分享"焊痴"秦毅的故事，让学生感受他的精神，学习他的优秀品质，从而激发学生的斗志。）

六、分享规划，提醒监督

师：同学们，老师相信大家也想像秦毅一样有所作为，那就让我们从现在做起，把握当下，赶紧写下"我的规划单"吧。给大家 5 分钟时间，现在开始。
（播放音乐《怒放的生命》，学生填写"我的规划单"。）
师：同学们，时间到。有谁愿意跟大家分享你的规划单呢？
（请 2 到 3 名学生，分享他们的规划单。表 3 为甲同学的规划单。）

表 3　我的规划单

时　段	主要目标	该如何做
一年级	熟悉并适应环境，打下坚实的基础。	积极适应各科老师的教学方法，上课认真听讲，按时完成各科作业，遵守班规、校规，养成良好的行为习惯。

时　段	主要目标	该如何做
二年级	提升专业技能，考取装饰美工证。	熟练掌握各种专业软件，多欣赏一些优秀作品，勤动脑，勤动手。
三年级	冲刺对口高考，考入理想的大学。	全面解决自己所面临的问题，查缺补漏，摆正心态。
执行人：（学生签名） 监督人： （班主任 / 任课教师 / 同学 / 朋友） 日　期：		

（设计意图：趁着学生心潮澎湃，斗志昂扬，让学生写下自己中职校三年的规划，留给学生反思的空间。）

七、总结全课，寄语勉励

师：同学们，通过这次班会，相信大家对自己中职校的三年以及人生都有了初步的规划。

同学们，希望就在前方，路途就在脚下，只要你认真规划，并加以实施，你的人生便会充实；只要用心前行，不忘初心，处处都会有属于你的亮丽风景。愿大家心中有梦，能相互监督，共同进步，一起踏着青春的步伐，奔向新的黎明！

课后，请同学们把"我的规划单"，粘贴在教室的文化墙上，让它提醒自己该做什么，该怎样做，并让老师和同学监督自己来完成。相信大家都会有个美好的未来，加油！

点　评

要成为故事大王

在这节课中，班主任先讨论了愚公移山的故事，后讲述了"焊痴"秦毅的故事。这种重视故事的做法对开好主题班会有着积极作用。

美国教育家吉姆·科因认为，听故事能够打开那些直接教育无法触及的区域，无论是成人还是儿童，都可以从故事中得到启发。

班主任应该是一个会讲故事的人，故事有润滑剂的作用，让教育变得温润、变得细腻、变得生动、变得诗意盎然。

实践告诉我们，班主任应该特别善于讲两类故事：

一是哲理故事。寓言、童话、民间故事都有许多富含哲理的故事。最典型的如《龟兔赛跑》《五指争功》等，也包括本文中提到的《愚公移山》。这些故事能启迪智慧。但生活在变化，由这些故事续发的故事新编也很有教育意义。本文的开始就是故事新编的讨论。

二是人生故事。许多人的成长故事值得借鉴，值得思考，值得分享。主要有三类：

1. 名人的故事。许多名人的成长故事都具有传奇色彩，他们以坚忍不拔的努力留给我们许多宝贵的精神财富。

2. 学生的故事。学生的故事不惊天动地，却实实在在。真真切切发生在学生身上的故事，会给人以启发。同龄人的故事最具有参考价值。

3. 自己的故事。班主任应敞开心扉，真情实意地讲述自己的成长故事，与学生交流自己的成长感悟。而学生对班主任的故事心驰神往，教育效果倍增。

小故事，大智慧。讲故事，是一个寻找和分享智慧的过程，也是一个发现和吸收智慧的过程。

一个会讲故事的班主任，其实也是许多精彩教育故事的主角。在处理各种事件过程中，班主任若能充分运用教育智慧，真正关爱学生，便能在学生心目中留下难忘的故事。

3 文明礼仪，静润心田
（文明礼仪话题）

辽宁省大连女子职业中专　李美丽

设计背景

教育部《中等职业学校德育大纲（2014 年修订）》明确要求中等职业学校要加强"学生日常行为规范、文明礼仪教育与训练"的专题教育。荀子说："人无礼不立，事无礼不成，国无礼不宁。"日常行为规范、文明礼仪为学生学习知识和技能打下坚实的基础，提供有力的保证。开展以礼仪教育为重点的基础文明养成教育，对中职学生有着重要的成长意义。

中职学生在以往的学习生活中，常常是不被重视的个体，导致他们缺乏自信，对文明礼仪的重要性认识不够。具体表现在不重视仪容仪表，不善于与老师、家人沟通；不知道讲究文明礼仪可以帮助自己树立良好的第一印象，可以成为尊敬老师、尊重家人的好学生、好孩子，可以成为遵章守纪的合格公民。

教育目标

1. 使同学们充分认识到讲究文明礼仪的重要性。

2. 关注校园、家庭、社会文明礼仪，通过仪表礼仪、上课礼仪、升旗礼仪和家庭、社会交往礼仪的学习，加强日常礼仪规范，做讲文明、懂礼仪的中职学生。

课前准备

1. 准备 A4 纸、彩笔。

2. 准备相关视频资料。

3. 准备小品。

4. 准备图片。

教育过程

一、游戏导入，重新认识礼仪

师：请同学们在手中的 A4 纸上画出半边脸，然后我们来寻找有没有和你画的一模一样的半边脸。

（预设：学生们握着画笔，神情专注地在画纸上描描点点。）

师：同学们都很认真，下面请大家把自己画好的半边脸举起来，我们来寻找另一个半边脸吧，能找到和你画的一模一样的半边脸吗？

（预设：学生回答，找不到。）

师：的确，在这个社会中我们每个人的性格、品质、习惯都有着千差万别，但是我们仍然能够和平相处，这取决于人际关系有一定的规矩，这个规矩可称之为"礼仪"。礼仪是在交往中体现出来的人们之间互相尊重的意愿，也是我们与人交往的程序、方式以及实施交往行为时的外在规范。实际上，礼仪无处不在，礼仪就在你我身边。

今天我们走进身边的"礼仪"，举行主题班会，我宣布"文明礼仪，静润心田"主题班会现在开始。

二、礼仪，在现代社会很重要

师：孔子云"不学礼，无以立"，良好的礼仪可以赢得朋友的关心，更能够赢得陌生人的友善、尊重。同学们都知道，习近平主席经常出访，经常和许多国家元首举行会谈。我们一起来看一组图片（照片展示习近平主席出访时的握手礼仪、仪态礼仪、用餐礼仪、会议礼仪、服饰礼仪），在我们有感于习近平主席个人修养和魅力的同时，也请同学们想一想图片中展示了哪些礼仪？

（预设：学生回答，握手、用餐、会议、着装、微笑，等等。）

师：一个温暖的微笑、一句热情的问候、一个友善的举动、一副真诚的态度，习近平主席的一言一行彰显着外交智慧，一举一动展现着大国风范。

文明礼仪的力量是巨大的，它能帮助我们塑造高尚人格，有助于事业成功；也是打开交际大门的钥匙，联系人际关系的纽带，更是良好社会秩序的基石以及社会发展的助力器。

三、校园，文明礼仪养成的摇篮

（一）重要的第一印象

师：良好的第一印象是打开交往大门的一把无形的钥匙。在交往中，怎样才能给人留下良好的第一印象呢？（出示课件：意大利著名画家达·芬奇的画作《蒙娜丽莎》。）画中蒙娜丽莎的微笑给人以美的享受，让人充满对真善美的渴望，回味无穷。请同学们结合这幅画，说一说怎样才能给人留下良好的第一印象。

（预设：学生回答，微笑自然、轻松、甜美，目光真诚、亲切、柔和，等等。）

师：的确！一个舒心的微笑，一个友好的眼神，我们并没有因此而失去什么，却在内心洋溢起一种美的享受。在待人接物中注意讲究礼仪，会使我们变得优雅可亲，给人留下美好的印象，更容易被人接纳，也有利于办成事情。

下面请同学们也将自己内心的美，通过微笑表现出来。我们来试一试。（播放背景音乐。）

（预设：不少学生不好意思，面部表情比较僵硬，不自然。）

师：同学们都尝试着向老师微笑，向同学微笑。微笑不仅缩短了我们之间的距离，也能化解令人尴尬的局面。微笑可以消除彼此之间的陌生感、紧张感、恐惧感，使人产生一种安全感、亲切感、愉悦感。但发自内心、适度得体的微笑不是"一日之功"，希望我们能坚持练习微笑，给他人留下良好的第一印象。

举止是一个人内在气质、修养的表现。男子的举止讲究潇洒、刚强；女子的举止讲究优美、含蓄。一个人要注意自己的站姿、坐姿、走路方式以及一些习惯性动作。初次相识，如果你斜坐在椅子上，行为随便，便显得缺乏修养。在交往中，一个善于修饰自己举止的人，会赢得更多人的好感。

今天班会课上，我们先来感受一下高年级学姐的站姿、坐姿、走姿。

（请高年级学姐展示标准式站姿、标准式坐姿、基本走姿。）

师：同学们观看了学姐的展示，希望像学姐一样优美、典雅、潇洒吗？

（预设：学生回答，想。）

师：下面就请同学们来学习站姿、坐姿和走姿。（大屏幕展示3个标准姿势。）

（预设：高年级学生作示范，学生跟学，快速得到提高。）

师：俗话说"站如松，坐如钟，行如风"，这是对自然美的一种要求，温文尔雅、从容大方、彬彬有礼已经成为现代人的一种文明礼仪的标志，是我们开启自信，收获快乐，走向成功的一把钥匙。

（二）老师，我们敬重您

师：作为中职学生，我们要知晓校园礼仪，践行校园礼仪。在校园，当然要从尊师做起。下面请看小品《上课》，请同学们仔细观察，找出他们存在的不文明行为和语言。

（学生表演小品。）

（语文课，上课铃声响起。）

老师：同学们好！

学生A、B、C：老师好！

老师：请坐。

学生A：老师，这节课学什么呀？

老师：《劝学》。

学生A：真没劲！（然后趴桌子上睡觉）

老师：班长，那个空着的座位是谁的？

学生B：老泡！不不不，冯帅！

（学生D进入教室——）

老师：冯帅，你喊报告了吗？

学生D：我喊了！

老师：报告时，还请大点声！

学生D：那是你耳背！

老师：你这学生说话怎么这么不礼貌啊！

学生B：老师，不就一报告吗，算了吧！

学生C：就是，老师，你要看他下课什么样儿，您就该知足了！

老师：冯帅，你先回座位，下课到办公室找我，我们需要好好沟通！好，我们开始上课，大家翻开书第80页，看黑体字……

学生B（突然对学生C）：你干吗？谁让你动那个了？

学生C：什么，干吗？那椅子又不是你家的！

学生B：不是我家的，可我坐着啦，你没事动什么动啊？

学生C：我乐意动，手是我的，又不是你的，再说，我动的是椅子又不是你！

学生B：你讲不讲理啊！

学生C：你管呢！我就这样说话。

学生A：吵什么呀？

学生B、C：关你什么事啊？

学生A：怎么不关我事，吵着我了！

老师：请同学们注意课堂纪律！我们继续讲课……

（预设：学生认真观看。）

师：我们现在请同学来说一说他们有哪些不文明的行为和语言。

（预设：上课不应该聊天；不应该趴桌子上；应该说敬语；不应与老师争执；等等。）

师：那么上课时我们应该怎么做呢？请同学们观看视频《校园礼仪——课堂篇》。（播放视频《校园礼仪——课堂篇》。视频简介：上课前作好课前准备，安静地等待上课；教师宣布上课时，全班迅速起立问好，待老师答礼后方可坐下；学生应准时上课，因特殊情况迟到，需经过教师允许方可进入；上课要认真听讲，不要吃东西、脱鞋或交头接耳；当老师提问时，应该先举手、起立，清晰响亮地回答问题；下课铃响，学生应等老师宣布下课，而不能急于站起，忙着收拾书本，把书桌弄得乒乓作响；等等。）

师：现在请同学们发言。

（预设：学生回答，按时上课；提前作好准备；发言举手；有事报告；有问题课下沟通；称呼敬语……）

师：尊师重教是中华民族的传统美德，也是礼仪规范的一项重要内容。的确，人的一生会获得许多老师的教诲和帮助，我也不例外，给我印象最深刻的莫过于当我懵懂无知的时候，是老师把我领进明亮的教室，教给我丰富的知识；是老师把调皮的我教育成愿意帮助他人的人；是老师点燃了我不断求学的梦想……我们应该热爱和尊重自己的老师。尊师是一种礼仪，更是一种修养。

（三）向国旗致敬

师：同学们都知道升国旗是一件庄严而神圣的事情，请同学们想一想在升旗时我们有哪些不合礼仪的行为？

（预设：学生回答，站姿不正，小声喧哗，手乱放，注目礼不认真……）

师：是的，升国旗时我们应该立正站好，向国旗行注目礼，我们要尊重国旗，要知道自己是一名中国人。要想想我国体育健儿夺得奥运冠军时升国旗的样子——目不转睛地看着国旗冉冉升起，要知道为了这一面国旗有多少人为此付出了生命。国旗代表着我们的国家，升旗是一件神圣而庄严的事，我们不能随便说话，不能稀松站立，而是要尊重她、爱护她。

四、家庭，礼仪学习的港湾

师：家庭是社会的细胞，是我们温暖的港湾。在家里做一个懂礼貌、讲礼仪的好孩子，是文明礼仪养成教育的重要组成部分。如何做一名懂礼貌、讲礼仪的好孩子呢？我想和同学们分享一个学姐的故事：

这位学姐时常抱怨妈妈不爱她，只关心妹妹。可当我去家访时，却发现了一面特殊的墙，这面墙上贴满了报纸。你瞧（出示照片），在这张贴满报纸的墙下是她学习和睡觉的地方。房间很潮，晒不到太阳，妈妈为了让她有好一点的学习环境，用心地将报纸一张张地贴满了墙壁。这满满的一墙报纸，写满了妈妈的爱。我听了妈妈的介绍，很受感动，特意拍下了这张照片。

看来，在生活中，我们常会误解父母的爱，大家有什么好办法来解决与父母的冲突呢？我们小组讨论一下。

（预设：小组交流讨论。）

师：请同学们分享沟通的技巧，并向大家推荐你处理与父母冲突的好方法。

（预设：学生汇报，并让学生把自己提出的好方法写在黑板上。如：主动道歉、解释清楚、多与父母聊天、换位思考……）

师：我们一起来总结一下，与父母沟通的技巧。（在黑板上板书。）

1. 可以给爸爸妈妈写封信，悄悄放在他们能看到的地方。

2. 在双方心平气和时，再好好商讨一下，听听父母的想法，也让父母了解自己的意见。

3. 火气大时，彼此先分开冷静一下。

4. 可以委婉地向父母提出你的要求或建议。

5. 平时多注意与父母沟通，多与父母聊天，多关心父母。

6. 在他们高兴时向他们提出自己的想法。

7. 可以找长辈做中间人。

8. 可以找老师、同学帮忙。

我们总结了这么多与父母沟通的技巧，遇到问题，我们应寻找适合自己的方法，处理好与父母之间的关系。

五、文明礼仪，静润心田

师：现在我们是中职校的学生，我们不仅要自己遵守好文明礼仪，还要做一个文明礼仪的宣传员。文明礼仪有着无限的力量，能使我们的校园、家庭和社会都充满温暖、关爱，我们应将文明礼仪延伸到生活的每一个地方。让我们一起朗诵诗歌《文明礼仪，静润心田》。这首诗流传于网络，我作了点改写。我们一起诵读：

文明是一朵花，
一朵永久芳香的花。
我们用真诚去浇灌，用热情来哺育，
让礼仪之花永久盛开在我们的心里。

礼仪是一首诗，
一首淡雅清新的诗。
我们用理解去书写，用行动来吟唱，
让礼仪之诗永久珍藏在我们的心里。

我们是新时代的青少年，
我们要做新时代文明的代言人。
雨露下，我们播撒文明的种子；
阳光里，我们装扮心中的春天。

带给别人一个微笑，别人给你快乐无限。
带给别人一份尊重，别人给你灿烂心情。
带给别人一片真诚，别人给你深深思念。
送给别人一份谦让，别人给你敬重万千。

做文明的使者，让我们用微笑铺设文明路；
做礼仪的少年，让我们用真心搭建礼仪桥。
文明礼仪我传递，中华美德放光芒。
文明礼仪入我心，到处盛开文明花。

师：让我们行动起来吧！把文明礼仪深深地刻在心中，争做一个合格的学生，成长为一个合格的公民。让我们一起努力创建一个美好的社会。

六、总结全课，布置作业

师：同学们，我校正开展"我与文明同行"为主题的校园文明礼仪活动，正在征集有关校园文明礼仪的宣传标语，请同学们行动起来，每人为活动设计一条宣传语。当然，更重要的是以实际行动做文明礼仪的宣传员。

文明礼仪是一粒最有生命力的种子，作为一名学生，我们有义务、有责任弘扬优秀的文明礼仪传统。只要心中播下这粒种子，把它撒遍生活中的每一个角落，就能让文明礼仪之花越开越盛，开遍学校、家庭和社会！

（在《歌声与微笑》的歌声里，结束本节班会课。）

点　评

写好设计背景

"设计背景"这一环节，不少班主任的班会课教案中没有，或者过于简单。我认为这一环节不能少，这一部分一定要想明白，写清楚。

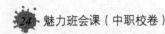

班主任应认真思考、回答这样一个问题：你为什么要上这节主题班会课？不少老师的回答是：学校工作的布置。这常常是实情，但仅仅这样回答显然是思考不够。

"我为什么要上这节主题班会课"，班主任一定要认真思考，并积极作答。实践中我将如何回答的要点概括为"大处着眼，小处着手"。

所谓"大处着眼"，是指班主任必须要加强学习，认真学习教育行政主管部门的重要文件，增强"我为国家育英才"的使命感和责任感，根据有关教育文件思考什么该做，什么必须做，怎样才能做得更好。为此，班主任应在自己的电脑里建一个文件夹。这个文件夹叫"政策夹"，专门收集有关文件，以便加强学习，提高认识，做好工作。作为中职校的班主任，要认真学习教育部颁布的《中等职业学校德育大纲（2014 年修订）》，这是中职校开展学校德育教育的纲领性文件。其中明确要求中等职业学校要加强"学生日常行为规范、文明礼仪教育与训练"。这就是我们设计本课的教育要求。当然我们有时也可以从许多专家、学者的精辟论述中找到依据。两者择其一即可。

所谓"小处着手"，是指班主任要认真研究班情，分析本班学生的特点，思考怎样做更适合学生的实际情况，更具有针对性和实效性。这节课，李老师根据教育要求，结合班情，确定了仪表礼仪、上课礼仪、升旗礼仪和家庭交往礼仪四个点。聚焦明确，落到了实处。

"大处着眼"，我们要站得高，看得远，想得深；"小处着手"，我们要站得稳，抓得准，做得实。这样立足点不一样，设计的教案、上出的课也就不一样。

4 做时间的主人
（时间管理话题）

辽宁省大连商业学校　张素洁

设计背景

华罗庚说：时间是由分秒积成的，善于利用零星时间的人，才会作出更大的成绩来。珍惜时间，合理安排时间，有效利用时间，会让你做时间的主人，会让你的人生变得绚丽多彩。

中职校的学生，正值青春期，是提升思考力、行动力、表达力最关键的时期。由于入校成绩相对较差，不少学生存在缺乏自律，生活习惯、学习习惯不好，自卑和无所谓心理较强，做事比较拖延，效率不高等缺点，因此有必要增强学生重视时间、讲求效率的意识，提高其时间管理的能力。

教育目标

1.认识时间管理不当会造成怎样的负面影响，了解时间管理可以采取哪些有效方法。

2.通过活动体验和观看视频进行讨论，总结出时间管理的有效方法。通过情境体验，感受不同方法的效果，从而找出适合自己的有效方法。

3.增强重视时间、讲求效率的意识，加强自我教育、自我管理，提高学习成绩和生活质量。

课前准备

1.制作微视频《拖延症》。

2.把同学们的照片，制作成班级电子相册。

3. 制作 ppt 课件。

一、体验思考，珍惜时间

师：同学们，体验激发情绪，行为改变认知。今天的班会我们先来进行团体游戏——报数比赛。全班分成 3 组，每组 15 人。（备注：每组分配人数均等，如果多一两个人，可协助老师做裁判。）迅速选出组长，准备排队报数至 100。其间出现抢报、漏报、重复报均为失败。顺利报数到 100，用时少者获胜。我担任计时裁判，现在进行比赛。

（同学们饶有兴趣地参加比赛。）

师：第一轮比赛，各组都作了努力，都不肯服输。现在各组进行讨论，思考如何改进，再次进行报数比赛。

（备注：各组在位置安排、振奋士气、报数方法等方面的差距，会影响成绩。老师可适度点拨组长。）

师：现在请同学们谈谈感受。

（预设：同学们会就位置安排、间隙把握、团队士气等方面找差距。）

师：总结了经验，发现了问题，其实，我们可以更快的！现在我们再来做一个游戏。这个游戏与刚才的有点反差。主题就是："如果你的余生只剩下三天，你会做什么事情？"请闭目一分钟，思考这个问题。

（预设：学生可能会说，我会学着做饭，陪妈妈吃最后一顿团圆饭，为她洗脚，并说上一句"我爱您"；我会去各地旅游，吃遍天下美食，还要尝试蹦极；我要去购物消费，花光所有的钱，拍无数照片发朋友圈；我可能去赌博，如果赢了就给家人留着；我要好好谈一场恋爱；我会给父母、亲人、朋友、老师各写一封信，算是遗嘱吧；等等。）

师：同学们，三天，对我们的一生来说，好像不值一提，可是时间就像流水一样，它不会因你而停留。时间对于每个人的意义是不同的——对于病人来说，时间就是生命；对于孩子来说，时间就是成长；对于学生来说，时间就是知识。

人生可短可长，每一刻都很重要。

二、观看视频，感受拖延

师：今天的班会，我们先观看同学拍的微视频《拖延症》，请注意观察，主人公为什么屡次下决心，却每次都犯拖延症？（播放视频。视频简介：男生小明来到中职校，立志学习技能，改变命运，却总是缺少行动。经典台词是："这件事我一定要做了，真的要做了。""也许可以再等一会儿。先休息一下，看会儿电视，上会儿网，聊会儿天。""这件事我明天再做吧！"）

（学生观看视频。）

师：视频看完了，大家谈一谈主人公为什么会这样痛苦呢？你有怎样的感受？

（预设：学生回答，我也有相似的感受，每次完成任务都拖拉，越来越没自信；知道却改不了；我一直拖着没做，因为我一直很忙，也不知道忙些什么；我也不知道自己怎么会这样；等等。）

师：我们每个人都会有这样的体验，一些事情需要我们完成，而惰性却总是占了上风。

其实时间本身不是问题，因为每个人每天拥有的时间一样多。时间管理本身不在于时间，而是如何善用及分配你的时间。可以说，时间管理就是自我管理，是改变习惯使自己更富效能。简言之，就是能够平衡时间需求。就让我们一起，告别拖延症，学习时间管理，做时间的主人吧！

三、记忆比拼，探求原因

师：如果出现背题的任务，你以前会怎么做？

（预设：学生回答，先吃东西、玩手机、看微信，到最后才匆匆忙忙背题。）

师：现在开始，小组讨论，用什么方法，3分钟内，记忆10个单词。

（预设：学生纷纷献计献策，努力背记单词，答对率很高，大家都很高兴。）

师：为什么效率这么高啊？

（预设：学生回答，单词虽然难记，我想先试试再说。只要试一下，过一会儿就发现，居然背完了；因为老师定了3分钟，就尽量抓紧时间，专注把 10 个单词一个个背下来；遇到困难，大家一起想办法，就不那么害怕了；等等。）

师：通过简单的实验，我们直观地认识到，思考力和行动力的重要性。如果你开始做了，你是否会坚持下去？

（预设：大多数学生都会回答"是"。）

师：那好，再来记 50 个单词。

（预设：学生表现出厌烦，抗拒背单词，有的说太多了，以后再背吧；有的说一直在记，效率却不高。）

师：我来请同学说一说，为什么动力不足，记忆效果不佳了。

（预设：学生回答，我一看那么多单词，就觉得自己不行；我以为只要学习时间长，就代表我很努力，不知为啥，却没记住多少；我学习的时候，在想着玩；我想学习，可是有同学找我聊天，我不会巧妙地拒绝；等等。）

师：我觉得这些同学回答的都没有错，因为我们的时间管理思维和方法决定了我们的学习，甚至健康、财富、人际关系……

（预设：学生回答，怪不得我的学习成绩不好，原来是我不懂得时间管理。）

师：每个人都有惰性，时间管理能非常深刻地影响我们。当我们凭借自我努力，找对方法，就能克服拖延症，把握未来的生活。其实此时此刻的你，手中已经握有那把决定一切的关键钥匙。

四、选择方法，管理时间

师：把事情很快做完，叫效率；把事情很快、很对地做完，叫效能。现在向大家介绍两个时间管理的有效方法。

1. 六点优先学习制：该方法是效率大师艾维利在向美国一家钢铁公司提供咨询时提出的，被管理界喻为"价值 2.5 万美元的时间管理方法"。

这一方法要求把每天要做的事情按重要性排序，分别从"1"到"6"标出 6 件最重要的事情。每天一开始，先全力以赴做好标号为"1"的事情，直到它被完成或被完全准备好，然后再全力以赴地做标号为"2"的事，以此类推……

一般情况下，如果一个人每天都能全力以赴地完成 6 件最重要的事，那么，他一定是一位高效能人士。

2. 帕累托原则：这是由 19 世纪意大利经济学家帕累托提出的。其核心内容是生活中 80% 的结果几乎源于 20% 的活动。因此，我们要把注意力放在 20% 的关键事情上。根据这一原则，我们应当对要做的事情分清轻重缓急，进行如下的排序：

A. 重要且紧急（比如救火、抢险等）——必须立刻做。

B. 紧急但不重要（比如有人紧急约你打麻将、吃饭等）——在优先考虑了重要的事情后，再来考虑这类事。

C. 重要但不紧急（比如学习、制订计划、与人谈心、体检等）——只要没有前一类事的压力，应该当成紧急的事去做，而不是拖延。

D. 既不紧急也不重要（比如娱乐、消遣等）——有闲工夫再说。

师：你现在有以下几件事，该如何处理？（出示课件）

周末要回家，需订火车票；今天中午系部考英语单词，要准备；昨天与同学有误会，要和解；数学作业不及格，要补课；打算竞选学生会干部，要写竞选稿；喜欢打篮球，要打球。请选择一种方法，管理你今天要做的事情。

（学生同桌交流。）

师：现在我们进行分享。

（预设：学生回答，我选第一种方法，把每天所要做的事情按重要性排序。1. 与同学和解；2. 预定火车票；3. 请教数学作业；4. 练习英语单词；5. 准备竞选稿；6. 打篮球。然后根据排序，分配时间。我选第二种方法，把事情按照"重要且紧急、紧急但不重要、重要但不紧急、既不紧急也不重要"进行排序，与同学和解，重要且紧急，必须立刻做；预定火车票，紧急但不重要，在英语单词考试后，再来考虑此事；请教数学作业、练习英语单词、准备竞选稿都重要但不紧急——只要没有前一类事的压力，应该当成紧急的事去做；打篮球既不紧急也不重要——有闲工夫再说。我觉得人要具有灵活性，应当有灵活时间，用来应对各种突发的事情；我认为每个人的生物钟不同，找出效率最高的时间，学习最难的学科；给所有罗列出来的事情定一个完成期限；将罗列的事情中没有意义的事情删除；遇到应该做却不想做的事情，可以将任务细分，只做其中一个小的或最主要的部分；学会说"不"，一旦确定了哪些事情是重要的，对其他的事情就应当说"不"；等等。）

师：看来，同学们对此都很有想法，思路决定出路，思考力、行动力、表达力，一个也不能少啊！总结一下（出示课件）：

1. 每天花几分钟，写出一天或一星期要完成的重要任务。

2. 把一天或一星期的活动，列入时间日程，并且进行时间安排。

3. 仔细考虑每个计划的目标和最后期限。另外，介绍一种"番茄学习法"：25 分钟、没有任何干扰、专心学习。当这 25 分钟结束后，休息 5 分钟。

五、落实行动，养成习惯

师：时间对每一个人都是公平的，不能存储，不能停留，但可以安排和管理。时间管理是一连串的"习惯"组合。管理时间是一种心态，也是一种习惯。如何管理你的时间，养成时间管理的好习惯呢？

（预设：同学们七嘴八舌，热烈讨论，众说纷纭，在彼此的答案中积累智慧。）

师：你有时间管理的好习惯吗？请如实回答下面的问题：

1. 你是否有随时记录的习惯？　　　　　　　　　　□是　□不是

2. 你每天放学之前，是否将未完成的任务列入第二天的计划？

　　　　　　　　　　　　　　　　　　　　　　　□是　□不是

3. 你是否在晚上睡觉之前为明天的日程安排好计划？　□是　□不是

4. 你是否在学习中利用 80/20 法则？　　　　　　　□是　□不是

5. 你是否经常避开交通高峰？　　　　　　　　　　□是　□不是

6. 你是否善于利用手机，在学习中不随意使用手机？□是　□不是

7. 如果你有重要的学习任务，而有人找你聊天，你是否能巧妙地拒绝？

　　　　　　　　　　　　　　　　　　　　　　　□是　□不是

8. 你读书时经常采用速读的方法吗？　　　　　　　□是　□不是

9. 你是否善用平时的零碎时间？　　　　　　　　　□是　□不是

10. 你是否有日清日高的习惯？　　　　　　　　　　□是　□不是

师：答案有 4 个以下"是"的举手！

（预设：大多数都会举手。）

师：请加倍努力。如果有 8 个"是"，恭喜你进入成功者之列！我们在日常生活和学习中，怎样做好时间管理呢？

（预设：学生回答，把每天所要做的事情按重要性排序，依次标出 6 件最重要的事情，每天必做的事情就一定要完成；要循序渐进、有计划地提高

成绩；每天记日记，看看自己有哪些微小的进步；每天对要做的事情分清轻重缓急，按照重要且紧急、紧急但不重要、重要但不紧急、既不紧急也不重要四个象限进行排序；等等。）

师：大家的想法各有千秋，殊途同归。找到适合自己的方法是一个起点，好的开始是成功的一半，重点是行动。心理学认为，21天可以养成一个新的习惯，大家每天坚持记录，三周后，我们再来交流。

克服拖延症，我推荐两个时间管理App，请同学们选择一个下载。

1. 番茄土豆App，作用在于帮助你收集想法、计划任务、回顾历史、完成任务、克服拖延症，番茄土豆App可以同步所有的平台。

2. 日事清App，一款效率日记、移动协同应用软件，专注个人时间管理与学习效率协同完美结合，把生活中的碎片生成每日总结。

六、总结全课，激励前行

师：今天，我们看了视频，比了记忆，学了方法。大家知道了什么？收获了什么？

（预设：学生回答，想要轻松学习、掌握技能，必须掌握时间管理方法；要相信自己能养成新的习惯，能战胜拖延症；可以找志同道合的朋友一起努力；最难的事情最先做；给自己定一个结束时间；遇到困难先试试再说；我愿意从此开始，告别拖延症，提高学习效率；我真心发愿，改变自己，做时间的主人；等等。）

师：是啊，成功取决于我们秉持一种怎样的心理状态，一个充满了自信，能够掌控时间的人，必然有能力幸福、成功！

我给大家两个建议：一是专注于过程，而非结果；另一个是制订计划，每周对主要任务列个计划，每天再列个待办事项。

学习是一个日积月累的过程，（播放班级电子相册。电子相册简介：入学以来，同学们参加军训、主持班会、课堂学习、课下练习、合作探究、请教老师、打字测试、班级获奖等镜头，背景音乐是班歌《我相信》。）通过电子相册，我看到了同学们努力的身影、奋进的脚步，这是未来成功的起点。我们相信美好，我们期待明天。

用好视频

在课上，张老师组织同学们观看了一个视频：《拖延症》。我注意到这个视频是同学"自拍"的。

现在许多班主任都喜欢在主题班会课上组织学生看视频。因为他们都意识到视频信息量大、生动形象，能迅速营造课堂氛围，激发学生兴趣，调动学生情感，把学生带入与教育内容相适应的特定境界，避免了单调、乏味的说教，可以收到理想的效果。

老师们喜欢到网上下载视频作为素材，这个过程中，需要注意两点：一要剪辑，与本课内容不相关的要作必要的删减，以突出重点；二要确保视频的观看效果，尽量选择 avi 格式的，清晰度相对较好。

我们更提倡自己拍视频。自拍视频应注意多拍摄特写镜头、近镜头，力求影像清晰；人物说话可加旁白；同时要将摄影机端稳，避免画面的晃动。自拍的视频如果是学生表演的情景剧，如家长与孩子发生冲突的情景剧，建议化妆表演，这样效果会更好。

小小的"自拍"二字，反映出老师的用心。关注细节，是提高主题班会课课堂质量的有效举措之一，值得分享学习。

5 我相信我可以
（自信话题）

安徽六安技师学院　　汪欣然

21世纪是充满竞争的时代，敢于探索、善于学习、勇于竞争、富于创造是21世纪对人才的基本要求。而这些品质无一不与良好的心理素质密切相关。居里夫人有句名言："我们应该有恒心，尤其要有自信心。"当一个人相信自己有能力去迎接各项挑战时，他才有可能战胜各种困难。作为教育工作者，我们应该帮助学生增强自信心，激发学习潜能，增强学习能力，提高综合素养。

虽然中职校的学生没有高中生那样沉重的升学压力，但是，社会经济的发展，思想观念的更新，多元化的理论和技能学习，就业的压力等等，也给中职校的学生带来冲击，一些学生变得敏感、脆弱，自卑心理严重。如何帮助学生克服自卑心理，提高自信心，是每一位职教人都应关注的话题。

教育目标

1. 帮助学生正确地认识自己，克服自卑心理，树立积极向上的心态。
2. 帮助学生增强自信心，激发学习动力，积极迎接生活中的挑战。

课前准备

1. 剪辑刘伟参加《中国达人秀》的视频。
2. 准备抽签箱，内有全班同学的学号。
3. 准备马云关于自信的图片资料。

4. 准备外交官傅莹的图片资料。

5. 收集身边学生自信向上的案例。

6. 准备聋哑人曹青莞参加《超级演说家》的视频。

教育过程

一、观看视频，引入话题

师：同学们，大家好！很高兴和大家一起开展关于自信的班会。说起自信，我们并不陌生，它可能是李白的"天生我材必有用"，又或许是毛泽东的"自信人生二百年，会当水击三千里"。莎士比亚也曾经说过："对自己都不信任，还会有什么真理。"自信，诗中有，生活中也有，而那些因为自信带给我们感动的例子更是数不胜数。现在，我们一起来看一段视频。这段视频中，我们将看到首届中国达人秀冠军、无臂钢琴师刘伟，用自己的双脚给我们弹奏最美钢琴曲。（播放视频《首届中国达人秀无臂钢琴师刘伟》。视频简介：刘伟 10 岁时因触电意外失去双臂，但失去双臂的他并没有放弃对梦想的追求，努力挑战一次又一次的不可能。2006 年开始学习用双脚弹钢琴，2010 年参加东方卫视《中国达人秀》第一季的比赛，获得全国总决赛冠军。这是他在比赛时弹奏《梦中的婚礼》，在这优美的旋律中，我们感受到他生命的顽强与不屈，他坚强意志下的自信。）

师：同学们，你们看了这段视频，有什么感想？

（预设：同学们都在窃窃私语，有一种感动溢上心头。）

师：同学们，我想你们此时的内心和我是一样的，震惊、难过和惭愧，甚至会问，"这样也可以呀？"对，可以，刘伟用他的方式给了我们最完美的答案——我可以！

同学们，我们在面对生活、面对学习时，可以自信地告诉自己"我可以"吗？

（预设：找几个同学回答，同学们大多不太好意思张口，甚至摇头。）

二、总结过去，打开心结

师：你们不要摇头，更不要急于否定自己。我相信你们每个人都曾为自己编织过五彩斑斓的梦，我也相信许多学生踏进校门的那一刻都是怀着憧憬和家长的期望的。可是为什么呢？就只是因为中考的失利吗？我记得在去年的幼师技能大赛时，报名者寥寥无几，一问，都是"我不行"；今年的保育员考试和明年的幼师教师资格证考试，很多同学挂在嘴边的话是"害怕考不过"；面对即将到来的幼儿园实习，有些人总说"太难了"；还有些同学特别胆小害羞，说话声音很小，喜欢低着头，不敢和老师有眼神的交流，上课也从来不举手回答问题，做操时手脚总是放不开。看到这些，我总是觉得很遗憾，明明是最美的年纪，明明是最自信的年纪，明明是追逐梦想的年纪，明明是什么都不怕的年纪，可你们却折断了自己飞翔的翅膀，缩在一个看似安全的角落里告诉自己"我不行"，错失了一次又一次的机会，梦想也离你们越来越远。

我不相信你们甘愿如此，我也不相信你们天生就是这样！我更不相信我们中职校的学生就一定比那些重点高中、大学里的学生差！

（预设：同学们都默默低着头，有些难过。）

师：我想告诉你们，来到这里不是梦想的结束，而是另一个梦想的开始，过去的就让它过去吧！中考的失利或多或少给了你们一些打击，但谁没有失败过，我们应该将失败看成是前进的动力，看看视频中的刘伟，我们的小失败对于他而言，算得了什么？每个人的一生都不可能是一帆风顺的，或多或少都会遇到困难，老天给你们一个比别人低的起点、一段挣扎着的青春，是让你们用一生奋斗讲出一个绝地反击的故事，而讲这个故事的你们一定要自信。

三、优点轰炸

师：所以说，同学们，你们要有自信，要看到自己的优点特长，相信自己可以，这是自信的基础。现在就请大家进入轻松一刻，玩个小游戏，叫"优点轰炸"。

活动规则：全班抽签选出一名同学作为找优点的对象，他先作自我评价，说出自己的优点，然后全班同学为其找优点。

（预设：全班同学都在积极准备。）

师：那么请同学们开始吧！首先请出 ×× 号同学。（抽签箱抽出。）

[×× 同学说自己的优点，但说得比较少。全班同学说他（她）的优点，会说得很多。]

师：谢谢大家！我非常赞同大家的观点，×× 同学还是很不错的，但还不够自信，要相信自己，相信自己很棒！

（这样的安排可有三四次。）

师：同学们说得很好。非常感谢同学们的精彩发言，也让老师认识到了不一样的你们。相信通过大家的交流，你们可以看到自己身上的优点，可以增强自信。老师也想告诉你们：人生路上，有平坦，也有坎坷；成长途中，有欢乐，也有忧愁，但我们要始终相信——我可以！

四、自信者的风采

师：其实生活中有很多充满自信的人，那么同学们知道的有哪些呢？

（预设：找同学回答，同学们有的会说张海迪，有的说马云，有的可能说身边的朋友同学，等等。）

师：同学们说得非常好。一个人的自信非常重要，它让人如沐春风，它让人积极进取，它让人充满正能量。下面我们就一起走进自信者的风采，感受自信的魅力。首先我们来看第一张图片（ppt 展示照片），大家知道这个人是谁吗？

（预设：同学回答，马云。）

师：是的，大家都非常熟悉他，那么大家对他了解多少呢？

（预设：大家都会说，阿里巴巴的创始人，淘宝，支付宝，做过中国首富等等。）

师：看来你们都非常熟悉他，经常照顾他生意，是吗？那我们就来说说他。马云出生在杭州一户普通人家，小脑袋，小身子，即使是 40 年后，他的"光辉形象"仍然没有什么大的改观，跟"帅"完全沾不上边。从小，马云的功课就不好，初中毕业时想考个二流高中，结果连考两次都没考上，原因之一就是数学太差。第一次参加高考，数学只得了 1 分；第二次高考，数学考了 19 分，有进步，不过这个分数仍然上不了大学。可他并没有放弃，家境贫寒的他一边打工，一边复读，第三次高考，马云的数学虽然破天荒地考了 79 分，但他的总分仍然属于专科线，离本科线还差 5 分。幸运的是，就在马云准备进杭州师范学院读专科时，该校的英语本科专业由于升本时间不长，招生没有满额，于是，歪打正着，英语成绩最好的马云摇摇晃晃地被调配到了本科，算是捡了个大便宜。

这样的马云，来自农村，其貌不扬，三次高考的他，靠自己的努力，一步一步走上富豪榜。马云的创业经历，特别是初期，条件非常艰苦。可尽管那样，从创业初期刚起步的时候开始，马云就让人全程录像，记录着自己一次又一次慷慨激昂的演讲，这就是自信，无论身处何种境况，自信都不能丢。

同学们，我们再来看下一位，大家知道她是谁吗？（出示课件）

（预设：同学们几乎都不知道。）

师：不知道吗？那你们觉得她美吗？笑容美吗？

（预设：同学们回答，美，笑起来好漂亮。）

师：是的，她的笑容不仅美，而且还特别有感染力，她就是中国的外交官傅莹。这位知性、大方、儒雅还有点萌的银发美人俘获了一大批 70 后、80 后、90 后甚至 00 后粉丝。她和外国记者的交锋简直就是一部教科书！傅莹让我们看到了什么是真正的女神，一颦一笑，都是自信。她将这种自信展现在世界舞台上，魅力四射！

同学们，看了这些，我相信你们也感受到了自信的力量。其实我们身边也有这样的例子，跟你们分享一个我曾经的学生的故事。

我清楚地记得第一次见到她的样子，远远就见一个小女孩笑着靠近我说："呀，你就是我的班主任呀，好年轻呀！您好！我是某某某，你的学生。"当时我的第一反应是好可爱，人不是很好看，但是很讨喜，皮肤虽然有点黝黑，但是眼珠子却是明亮的，会说话似的，真的，印象特别好。我总觉得爱笑的女孩运气不会太差，但后来我才得知她的父母在她很小的时候便去世了，这么多年她是在身有残疾的大伯身边长大的，而且她的大伯也有自己的孩子要抚养。每当放假，她都会去打工。可是这所有的苦难都没有难住她，她的笑容掩盖了一切，积极、阳光、自信就是她给人的印象。三年后，毕业了，她选择了到上海发展，临走时，我拥抱着她说："未来一定会越来越好的，一个人要照顾好自己。"话还没说完，她就哭了，第一次，真的，那是我第一次见她哭，送走她，我的心情还没平复，就收到她的短信："老班，再见了，我原本是要和你笑着说再见的，可眼泪还是止不住，曾经我告诉自己，不管什么时候，我都要微笑，我要笑着好好地活着，我要用微笑赶走所有的阴霾，我相信老天会看到我的努力，我相信现在的我一定不会是将来的我，我相信我自己，老班，你也相信我，对吧！哈哈哈，微笑，微笑啦！"毕业这几年，很少联系，但是朋友圈里她的笑容依然在，满满的正能量让我佩服，我想现在的她已经越来越好，我更相信未来的她会更好！

同学们，我说了这么多，你们听了这么多，是否感受到了他们身上的巨大能量。我想问问同学们，一个人的自信心是天生的，还是后天养成的？

（预设：同学们小声讨论着，有同学说是天生的，也有同学说是后天养成的。）

师：其实，一个人的自信心不是与生俱来的，而是在后天的环境中慢慢积累的，和一个人的努力有着密切的关系。一个人越有自信心，他就越能勇往直前，排除艰难险阻，成功的几率也就越大。

五、梦想在远方，路在脚下

师：同学们，三百六十行，行行出状元！有梦想就要付出行动，那么就从现在开始吧，请你们昂首挺胸、面带微笑地告诉自己，我相信我可以！

（预设：学生纷纷坐好，昂首挺胸。）

师：第一，给自己积极的自我暗示。

心理学研究发现，自我暗示能量巨大。如果我们暗示自己"我能行"，我们就会逐渐变得更有能力；如果总是告诉自己"我不行"，就会变得越来越无能。增强自信的办法之一就是采用积极暗示的方法，在心里反复告诉自己"我能行"、"我能成功"。

（预设：同学们在下面轻声地说，"我能行"、"我能成功"。在老师的鼓励下，他们的声音越来越大。）

师：第二，关注自己的优点。

每个人都会有他特有的优点、特长，关键是自己能否认识到并把它们发挥出来。经常想想自己的优点，不管是哪个方面的，都有助于提升个人的自信心。

其实我们班同学的优点多了，比如这位风一样的女汉子，她也是有优点的，是什么？

（预设：大家一起笑着回答，跑步。）

师：是的，再比如有的同学，虽然成绩不是很好，但是，在平时相处中，我发现他们特别有耐心，而且脾气好，能吃苦等等，其实这点就特别好，有耐心、有责任心是非常重要的！

第三，树立自信的外在形象。

其实外在形象也是非常重要的，可以让一个人更加自信。大家可能觉得演员刘诗诗很美，确实，学舞蹈的她后背永远是挺拔的，永远是面带微笑的，一举一动可谓是教科书（出示课件）。那么，生活中的我们应该如何来提升自己的外在形象，让自己拥有更加自信的精神风貌呢？方法有以下六点，我们一起大声诵读（出示课件）：

1. 注意仪表仪容，保持精神风貌。
2. 常挑前排就坐，敢于引人注目。
3. 练习正视别人，提高自我胆识。
4. 坚持当众说话，敢于吐露见解。
5. 高高挺起胸膛，步履轻松稳健。
6. 积极参加活动，自觉磨炼成长。

师：最后，我们再来看一段视频，来自《超级演说家》的曹青莞，她是一位天生的聋哑人，却在一次次嘲笑中、失败中，发出了属于自己的声音。她参加《超级演说家》，演讲的是《开口说话的力量》，我们一起来聆听她带给我们的震撼！（播放视频《超级演说家·曹青莞》。视频简介：天生聋哑的她，曾经一度非常痛苦，但仍然没有放弃每次开口说话的机会，从开始的别人听不清到后来的拗口大舌头，她都没有放弃，而是一次次地抓住机会，展现自我，最终走向了《超级演说家》的舞台。）

六、总结全课

师：同学们，今天班会课就要结束了，希望同学们在这节课上有所收获，真正感受到自信的魅力！

最后送给大家我读过的一段话，希望大家也喜欢，我们一起来朗读。（ppt 展示）

也许你想成为太阳，可你却只是一颗星星；

也许你想成为大树，可你却只是一棵小草；

也许你想成为大河，可你却只是一泓山溪；

…………

做不了太阳，就做星星，在自己的星座发热发光；

做不了大树，就做小草，以自己的绿色装点大地；

做不了伟人，就做实在的自我，平凡并不可悲，关键是必须做最好的自己。

不必总是欣赏别人，也欣赏一下自己吧！

同学们，相信自己，相信明天，相信路在脚下，相信遗憾比失败更可怕！

未来的路还很长，请你们面带微笑，挺起胸膛，勇敢踏出每一步，走出自己精彩的人生！也愿你们的未来因为自信而更加出彩！

（伴随着歌声《我相信》，用 ppt 展示班级曾经一起努力奋斗的照片，在音乐声中宣布本次班会课结束。）

点 评

教学生以方法

学生如何增强自信心，是一个有现实意义的话题。但长时间以来，空泛要求多，具体指导少。这节主题班会课，汪老师从学生的实际出发，既晓之以理，动之以情，又导之以法。

对怎样增强自信心，汪老师向学生们传授了三个方法：第一，给自己积极的自我暗示；第二，关注自己的优点；第三，树立自信的外在形象。"给自己积极的自我暗示"，通过现场模拟来掌握；"关注自己的优点"，通过讨论来验证；"树立自信的外在形象"，则通过诵读要诀来领会。这样，班主任的指导明确而具体，可学可用，指导为先，将教育落到了实处。

这样的主题班会课也启示我们思考要细，方法要实，效果要好。班主任一定要从学生成长的需要设计、开展活动。

6 走进新一年
（迎新年活动话题）

辽宁省大连电子学校　孙海丹

《中等职业学校德育大纲（2014年修订）》中指出，学校要凝练具有职教特色的办学理念和学校精神，建设体现学校特色的校园文化，形成优良的校风、教风和学风。并明确要求"要结合开学及毕业典礼、升旗仪式、成人仪式、入党入团仪式以及民族传统节日、重要节庆日、纪念日等，开展礼节礼仪教育，开展特色鲜明的主题教育活动"。

值此新年到来之际，开展以迎新年为主题的主题班会活动，带领学生回顾半年来共同学习和生活的点滴，展望新的一年，在回顾与展望的过程中增进友谊，增强班集体的凝聚力；同时组织学生开展娱乐活动，寓教于乐，让学生在欢乐的气氛中，用积极向上的态度，迎接新年的到来。

教育目标

1.通过猜谜、脑筋急转弯等游戏和文艺表演，给学生提供展示才艺的舞台，营造欢乐气氛，增进同学间的友谊。

2.通过回顾动态相册与合唱班歌等活动营造良好的集体氛围，促进学生认同班级共同的奋斗目标，从而内化为自身发展的需求。

课前准备

1.会前准备。

（1）提前两周将消息告知学生，让学生积极准备，上报节目。

（2）竞选主持人，编撰主持词。

（3）根据上报节目，稍加筛选，排定节目单。

（4）班长准备谜语和脑筋急转弯，并制作 ppt（注意保密）。

（5）团支书制作班级动态相册。

（6）生活委员购买奖品（水性笔、作业本、马克笔等学习用品）。

2.布置教室。

（1）所有桌椅围成一个 U 形，开口朝讲台，中间为表演区。

（2）教室后方黑板报设计成以迎新年为主题的板报。

（3）将香蕉、橙子、苹果等水果和饮料，均匀分配，摆放整齐。

教育过程

一、欢乐开场

（主持人甲、乙、丙、丁上场，致开场词。）

甲、乙：尊敬的老师！

丙、丁：亲爱的同学们！

合：大家好！（同学们报以热烈的掌声。）

甲：新年，踏着轻轻飘落的雪花，悄然而至。

乙：回首望，时光匆匆流逝。

丙：明天就是元旦了。

丁：在这辞旧迎新的日子里，我们欢聚在这个幸福的大家庭里，共同完成一个快乐的仪式。

甲：满怀信心迎元旦！

乙：欢欢喜喜过新年！

丙：首先请欣赏女生们精心准备的舞蹈《小苹果》。

（多媒体播放伴奏，班级 6 名女生上场表演舞蹈。）

（主持人甲、丙上场。）

甲：感谢女生们的精彩表演，令我们的教室瞬间充满了快乐的气氛。

丙：说到小苹果，大家看着面前的水果、饮料，一定觉得很馋了吧！

甲：但是，不可以马上吃哦。请大家跟我一起把两根香蕉放在头顶。

丙：对，就是这样，做一对牛角。新的一年我们要——更牛！

（同学欢笑呼喊，更牛、更牛……班主任拍照。）

甲：请大家跟我一起把橙子捧起。

丙：对，就是这样，新的一年我们要——心想事（橙）成！

（同学欢笑呼喊，心想事（橙）成……班主任拍照。）

（设计意图：主持人宣布迎新年活动开始，营造仪式感；利用欢快的开场舞蹈掀起现场快乐的气氛。）

二、班主任致新年贺词

甲：明天就是元旦了，我们将迈入新的一年。下面请我们美丽的班主任老师给大家致新年贺词。

师：我可爱的孩子们，你们好吗？

（预设：学生愉快地回答，"好，非常好！"）

我们相识在酷暑，相知到寒冬。这半年来，我关注着你们每一个人的成长，你们也关注着我每一次的情绪变化，这就是我们相知的过程。我们共同经历了军训、会操、运动会（指点墙上的奖状）；共同晒过烈日，吹过寒风；共同踢过毽子、跳过长绳。我们早已成为彼此生活中重要的一部分。过去的半年里，你们有令人激动的优秀表现，校技能大赛获得过奖状，运动会上破过纪录；也有过令人生气的淘气行为。但是记住，我爱你们！

（预设：学生动情呼喊"我也爱你！"）

师：新的一年即将开始，我愿意和大家一起努力，把我们的班集体建设得更好，希望我们都能取得更大的进步。期末考试即将到来，我愿意率领班委会全体成员和各科课代表，指导和监督大家，共同做好期末冲刺工作。学习好的同学，要努力争取全优的成绩，争夺奖学金。学习落后的同学，要奋起直追，力争全科通过。

最后，祝大家在新的一年里，男生们更高更帅，女生们更苗条更美丽！大家新年快乐！

（此处演讲必须动情，有煽动性。）

（预设：学生欢呼，尖叫，"新年快乐！"）

（设计意图：班主任通过回顾共同的学习生活与对班集体未来的展望，抒发对学生的喜爱之情，表达对班集体发展的信心。同时提出对学生们的期望，使学生在愉快的气氛中认同班集体的奋斗目标。）

三、互动游戏

甲：漫天的雪花，是飞舞的音符，以思念谱成乐章，用祝福奏出期盼，带给你欢欣快乐的一年。

乙：台历即将翻去最后一页。回首时光年轮上又一度春秋寒暑，我们不禁感慨万千。

丙：让欢笑伴着你，欢笑的名字叫灿烂。

丁：让温馨伴着你，温馨的名字叫永远。

甲：下面进行猜谜语游戏，答对者可获得一个小奖品。规则为站起来抢答，答错继续抢。但是本题答错的同学不能进行下一题的抢答。

（预设：学生进入紧张的抢答状态。四位主持人按照手中的题卡依次出题。同时大屏幕上展示问题。学生们在争抢起立答题、答错、再抢的过程中欢笑声不断。）

乙：欢欢喜喜过新年（猜一花名）。

（答案：迎春花。）

丙：一人一张口，口下长只手（猜一字）。

（答案：拿。）

丁：一家十一口（猜一个字）。

（答案：吉。）

甲：十张口，一颗心（猜一个字）。

（答案：思。）

乙：一口吃掉牛尾巴（猜一个字）。

（答案：告。）

丙：有人偷车（猜一个字）。

（答案：输。）

丁：大家都太聪明了，字谜没了，还没猜够吧！还有好玩的呢，来试试脑筋急转弯吧？

甲：脑筋急转弯，请听题。

一只兔子掉进一个箱子，出来的时候变成了一只鸭子，这是怎么回事？

［答案：因为箱子里放着的是变压（鸭）器。］

乙：王二小放羊放的是山羊还是绵羊？

（答案：看样子你小学语文是体育老师教的，王二小放的是牛啊！）

丙：花的儿子叫什么？

（答案：叫牛奶，因为花生牛奶，也可以叫米，因为花生米。）

丁：中国人最早的姓氏是什么？

（答案：善，因为人之初，性本善。）

甲：铁放到外面要生锈，那金子呢？

（答案：会被偷走。）

乙：在什么时候 1+2 不等于 3？

（答案：算错的时候。）

丙：三个孩子吃三个饼，要用 3 分钟，90 个孩子吃 90 个饼，要用多少时间？

（答案：3 分钟。）

丁：什么动物你打死了它，却流了你的血？

（答案：蚊子。）

甲：在一次监考严密的考试中，有两个学生交了一模一样的考卷。主考官发现后，却并没有认为他们作弊，这是什么原因？

（答案：二人交的都是白卷。）

乙：要想使梦成为现实，我们干的第一件事会是什么？

（答案：醒来。）

丙：最难的题来了，下面是英语脑筋急转弯时间。请看大屏幕。英语大咖们，展示风采的时候到了。

（预设：学生哗然、紧张，英语高手自信满满、跃跃欲试。）

1. What letter is a part of the head?

［答案：I（eye）。］

2. What letter sounds a useful insect?

［答案：B（bee）。］

3. What letter is neither I nor he?

［答案：U（you）。］

4. What letter is an exclamation of surprise?

［答案：O（哦）。］

5. What letter is a large body of water?

［答案：C（sea）。］

6. What letter is a drink?

［答案：T（tea）。］

7. What is in the middle of the night?

［答案：G（night 单词中间字母）。］

8. What letter is a question?

［答案：Y（why）。］

（设计意图：利用谜语和脑筋急转弯游戏，增强学生的参与积极性。给学生更多展示自己聪明才智的机会，以增进学生之间的了解以及提升自我评价。此环节需准备较多的题，班主任指导主持人根据情况掌控时间。）

四、温情回忆

甲：我们在盛夏相识，军训的阳光照亮我们共同的记忆。

乙：我们在初秋相知，运动会的奖状记录我们共同的努力。

丙：半年的共同学习生活，我们已经成为了好伙伴、好朋友。

丁：让我们拉开回忆的大幕，找寻共同的足迹。请看大屏幕。

（ppt 播放动态相册，采用轻松欢快的节奏作为背景音乐。）

（预设：学生一边吃东西，一边愉快地期待下一张照片的出现，寻找自己和好朋友的身影，发出阵阵笑声和各种评价，现场欢乐的气氛达到高潮，学生在相册的引导下进入美好校园生活的回忆。教师抓拍学生欢快的瞬间。）

（设计意图：通过播放班级动态相册，回顾过去半年的共同成长历程，加深学生之间的友谊与集体的亲和力、凝聚力。）

五、达人秀

甲：下面是才艺展示时间。请我班魔方达人为大家表演魔方快速恢复。

（背景音乐播放快节奏乐曲，营造紧张气氛。班主任将 5 个魔方打乱，大家为魔方达人计时。）

（预设：快速恢复后现场欢呼声一片。）

乙：请我们班的武神为大家表演双节棍。

（背景音乐播放歌曲《龙拳》，同学表演。）

（预设：同学们齐声叫好。）

（设计意图：为班级各种达人提供一个公开展示的舞台，以倡导学生多方面发展，提高自己的综合素质。此环节需要事先发现学生的特长，鼓励学生展示自我，提升自我评价。）

六、班歌迎新年

甲：听现在响起的音乐，（多媒体播放 Try Everything《竭尽全力》音乐。）一起告诉我这是什么？

（预设：学生齐声喊"班歌 Try Everything"。）

没错！下面请班长和文艺委员领唱 Try Everything。

班长：感谢大家半年来对我们工作的支持，让我们一起唱 Try Everything！

（多媒体播放伴奏，全体学生起立大声合唱。歌词大意：今夜我搞砸了，又一次落败。深陷困境但我依然会重新开始。我总是失败，总是跌倒，而我总能重新站起，迎接崭新的未来。鸟儿无法振翅高飞，跌落天际却重新展翅。不经历失败怎会懂成功的喜悦。我绝不会屈服，绝不会放弃。直到我抵达终点，我会重新出发。不，我不会放弃，我只想竭尽全力，即便我注定失败我也想要竭尽全力。请不要自暴自弃，也不必太快抽离。有时我们终能实现梦想，只要我们竭尽全力！）

乙：同学们，回首过去，我们无比珍惜；展望未来，我们斗志昂扬。

丙：让我们在新的一年里张开腾飞的翅膀，向着更高的目标飞翔。

甲：这里就是我们起飞的地方。

乙：在这里，有默默耕耘的辛勤园丁，有朝气蓬勃的伙伴。

丙：在这里，有我们年少的激情，更有我们对青春的渴望。

丁：向着新的一年——

合：出发！

甲：今天的活动——

合：到此结束！

（设计意图：此环节通过班委会带领，共同激情地演唱班歌，营造出团结奋进的集体氛围，引领和促进学生认同班级共同的奋斗目标，内化为自身发展的需求。）

充分调动学生的积极性

伴随着学生学段的变化，主题班会一定要给学生提供更大的展示平台，给学生更多的学习机会，给学生更丰富的成长体验。这节课，孙老师充分调动学生的积极性，给我们留下了深刻的印象。

1. 全班总动员。孙老师在课前准备中明确"提前两周将消息告知学生，让学生积极准备，上报节目"。然后"根据上报节目，稍加筛选，排定节目单"。

2. 人人齐参与。从设计的活动看，全班同学都能参与其中。猜谜语、脑筋急转弯、班级动态相册、达人秀、大合唱，活动丰富有趣，能调动学生参与的热情。

3. 骨干多担当。我们看到活动前进行了细致的分工，班长准备谜语和脑筋急转弯，并制作ppt（注意保密）；团支书制作班级动态相册；生活委员购买奖品（水性笔、作业本、马克笔等学习用品）。还有没有写明，但我们一看就知道的：宣传委员出了新的黑板报，劳动委员带同学们布置好了教室，文娱委员准备了节目。更有通过竞选，产生了四大主持人（一般两个人，设计为四个人，也是想让学生有更多的参与和展示的机会。班级骨干的担当是对活动成功的有效保证。）

4. 老师更投入。要调动学生的积极性，其实老师的身体力行是最重要的。在这节课的设计中，我们听到老师热情的致词，看到老师欢快的身影，感受到老师与学生真挚的情感交流。老师言传身教，带动全班同学的积极性，这样的班会课学生一定受益多多，终生难忘。

7 雷锋精神永传扬
（学习雷锋话题）

辽宁省大连烹饪职业中专 马立新

设计背景

  党的十八大以来，习近平总书记就新时期学雷锋活动先后作过多次重要讲话。习近平总书记指出：雷锋精神是永恒的，是社会主义核心价值观的生动体现。他还指出，雷锋是我们"民族的脊梁"，"雷锋精神，人人可学；奉献爱心，处处可为。积小善为大善，善莫大焉。当有人需要帮助时，大家搭把手、出份力，社会将变得更加美好"。

  当代中职校学生对今天还要不要学雷锋，如何学雷锋存在一些困惑。有些学生认为学习雷锋是老一辈的事，雷锋精神已过时，新时代不需要学雷锋了。而实际生活中，不少学生缺乏理想信念，缺乏职业责任感和社会责任感；缺乏脚踏实地、吃苦耐劳的学习与工作作风，不能做到干一行爱一行，不能适应工作岗位要求；人际关系淡漠，缺乏团结友爱、互帮互助的精神等等。学校和班主任应将学雷锋活动作为重要的抓手，并积极探索新形势下学雷锋的有效途径和创新实践。

教育目标

  1. 知识目标：重温雷锋生平、雷锋先进事迹，说出并理解雷锋"钉子精神"、助人为乐等方面的名言，知晓雷锋精神及内涵。

  2. 情感目标：体会雷锋助人为乐、刻苦钻研、勤俭节约、集体主义等精神的现实意义，增强学生建设祖国的使命感和责任感。

  3. 行为目标：学习雷锋精神，从小事做起，从我做起，成为践行雷锋精神的志愿者。

1. 学唱歌曲《学习雷锋好榜样》、《接过雷锋的枪》。
2. 进一步了解雷锋生平和雷锋事迹。
3. 重读雷锋日记。
4. 准备歌颂雷锋的诗歌并朗诵。
5. 指导班长、团支书写好主持词。
6. 排练情景剧《味道》。
7. 准备谈学习雷锋的感想（演讲），谈学习雷锋的行动。

教育过程

师：同学们，温馨的三月，我们迎来了新的学期，也迎来了学习雷锋纪念日。还记得 1963 年 3 月 5 日，毛泽东发出"向雷锋同志学习"的伟大号召，全国人民掀起了学雷锋的热潮。五十多年来，雷锋的名字响彻祖国大地，雷锋精神一直激励着人们前进。今天我们召开"雷锋精神永传扬"主题班会，让我们再次走近雷锋，更加深刻地体会雷锋精神在新时代的意义和影响，从而更好地践行雷锋精神，弘扬雷锋精神！

现在请班长、团支书主持这次班会。（班长、团支书上。以下简称班、团。）

班、团（合）：大家好！"雷锋精神永传扬"主题班会现在开始。

一、雷锋，中华民族的脊梁

班：雷锋，一个熟悉的名字！

团：雷锋，一面飘扬的旗帜！

班：请听 ×××、×××、××× 三名同学的诗朗诵《雷锋，一个闪亮的名字》。

（×××、×××、××× 三名同学上场。）

合：雷锋，一个闪亮的名字。

甲：你是高山岩石之松，在狂风暴雨中成长。

乙：你是寒冬腊月之梅，在冰霜雨雪中怒放。

丙：你是熊熊烈火之铁，在千锤百炼中成钢。

合：你用火热的青春，演绎了生命的真正意义。

甲：二十二个短暂年头，一路走来，如此坚定，如此执著。

乙：留下来的，又是如此深厚，如此沉重。

丙：似流星划过长空，却长留我们心中。

合：短暂而永恒是你对生命的诠释。

甲：跨越了两个世纪，我们一直不曾忘记，不曾停止感动。

乙：你教我们如何在平凡中成就伟大。

丙：你教我们如何在爱的奉献中获得永生。

合：一个可爱可敬的灵魂，一个闪光发亮的名字——雷锋！

甲：当迷茫彷徨困扰我们的时候，是你坚定的眼神给予我们勇气和力量；

乙：当困难挫折让我们跌倒在地的时候，是你负重的形象在我们眼前挺立。

丙：你从不曾远离，一路伴我们同行；

合：你在每一条战线上奔走号召，振奋人心。

甲：党永远记得，有一个忠实的儿子，名字叫——雷锋；

乙：人民永远记得，有一个优秀的勤务员，名字叫——雷锋；

丙：我们永远记得，有一个光辉的榜样，名字叫——雷锋。

合：雷锋，一个闪亮的名字，永远铭刻在我们心中！

二、雷锋，我们时代的楷模

团：为了更好地学习雷锋精神，现在我们观看视频《雷锋》。（播放视频《雷锋》。视频简介：雷锋的生平和主要事迹。）

班：通过观看视频，我们进一步了解了雷锋精神的内涵。

团：雷锋在日记中写道：学习的时间是有的，问题是我们善不善于挤，愿不愿意钻。一块好好的木板，上面一个眼也没有，但钉子为什么能钻进去呢？

这就是靠压力硬挤进去的，硬钻进去的。我们在学习上要提倡这种"钉子"精神，要有钉子的"挤"劲和"钻"劲。这是雷锋精神内涵之"钉子"精神。

班：如果你是一滴水，你是否滋润了一寸土地？如果你是一颗最小的螺丝钉，你是否永远坚守在你的岗位上？我要服从革命的需要和组织的安排，党叫干啥就干啥。把自己融入党和人民事业的整体之中，做一颗永不生锈的"螺丝钉"。这是雷锋精神内涵之"螺丝钉"精神。

团：你既然活着，是否为未来的人类生活付出你的劳动，使世界一天天变得更美丽？青春啊，永远是美好的，真正的青春，只属于那些永远力争上游、永远忘我劳动、永远谦虚的人！积极奉献，尽职尽责，干一行爱一行。这是雷锋精神内涵之奉献精神。

合：这些正是我们今天学习和未来工作所需要的精神。

三、勤"挤"善"钻"学好专业

班：请×××同学为大家讲述《雕刻生机的少年》的故事。

（×××同学上场。）

×××：今天我给大家带来的故事是《雕刻生机的少年》。

橘红色的松鼠，攀爬在酱紫和翠绿的葡萄枝上。这个栩栩如生的造型，出自一个16岁的少年之手。他运用食雕的镂空技法，令整件作品空灵剔透，玲珑雅致。少年名叫郑双厚，是2011年全国职业院校学生专业技能大赛果蔬雕刻项目金奖的获得者，也是我校13届毕业生。当时，他是以高一学生的身份参赛，打败了众多高年级的选手。

食品雕刻是中华烹饪的一朵奇葩。它是运用雕刻的专门工具，在果蔬原料上雕刻出不同的造型，来装饰、点缀菜肴和宴会的一种技艺。

郑双厚的作品名为《生机》，之所以能在众多的参赛作品中拔得头筹，除了作品本身的灵动和造型因素外，更在于郑双厚运用了食品雕刻镂空技法。

而只有16岁的他，能够凭借这个技法获得奖杯，除了苦练，没有别的捷径可走。起初，他在刀的使用上也不尽如人意，刀工不熟练，刻出来的花，花瓣薄厚不均。到后来，他能把刀运用得如手足一样灵巧，背后付出了艰辛的努力。

课堂时间不够，他就每天放学后挤时间练习，经常练习到晚上十点。

旋、削、掏、凿、弯，他在不断的练习中，对于食雕的各种技法，越来越熟练。小刀细刻，大刀造型，20多种工具在他的手中，不断变换。有时一个作品有小部分没有刻好，他就反复刻十次二十次。即使老师认为可以了，他自己觉得有瑕疵，还会不停地反复刻反复钻研，直到他觉得满意为止。刻苦的练习，精湛的技术，优秀的创意，这些成为了郑双厚夺魁的基石。

郑双厚说，他的成功正是发扬了雷锋的"钉子"精神，是勤"挤"善"钻"的结果。

四、踏着雷锋的足迹：志愿者在行动

团：同学们，志愿者在今天已成为雷锋精神的传扬和体现。我校自2013年10月起，成立了16支"爱心小厨"青年志愿者服务队，一直与学校附近街道携手共建，打造和谐、安全、文明、环境优美、快乐幸福的社区。定期定点进行社区服务，走入社区敬老院、老劳模、老军人、低保户、残疾人、空巢老人等特殊群体家庭开展服务。为社区居民清扫家中、楼道卫生，用所学厨艺为居民制作美味菜肴，提供营养、烹饪面点技术讲座以及文艺联欢等各项活动。请观看根据我校青年志愿者服务队"爱心小厨"事迹编写的情景剧《味道》。

（学生搬道具上场，表演情景剧《味道》。）

第一幕：晚餐

（老兵爷爷的餐桌上，四菜一汤。）

老兵：（拉开椅子，坐下，读桌上的便笺：爷爷，我先走了，回来记得先吃饭。）好好，吃饭。（点头微笑，拿起碗筷，吃饭。）这孩子真懂事，做得真好吃！

第二幕：课上

老师：烹饪看似简单，实际千变万化。就连我们烹饪时的心情都会影响对味道的把控。来，跟老师说说，你们选择做厨师的初衷。

小王：我喜欢美食，希望自己会做菜，能做出自己最喜欢吃的东西。

老师（笑着问第一排低头的同学）：小李，你呢？

小李：小时候是奶奶带我，她做的鸡蛋糕有一种香甜的味道，让我觉得很快乐，我是来寻找这种味道的。

老师：嗯，老师相信，总有一天，你也能成为给别人带来快乐的人。今天，老师就来教教大家，如何根据不同人群，调制出适当的口味。（老师刀工，掌勺，下菜，摆盘。学生思考，记录。）

第三幕：午餐

（老兵爷爷戴着老花镜在客厅看报，敲门声响起，爷爷起身开门。）

老兵：哈哈！连长你咋来了？快进来坐。

老连长：这炖着什么呢，这么香？

老兵：哈哈，来来，我给你介绍介绍，这是咱们"爱心小厨"的小李。

小李：爷爷好。

老连长：哎，上次来，不还是小王吗？

小李：爷爷，我是小王的学弟，小王师兄毕业了，以后一年由我来给张爷爷做饭。

老连长：老张，我可沾你光啦！

老兵：哈哈，你得感谢"爱心小厨"对咱这把老骨头的关心。

第四幕：考试

小李：今天拿到烹饪考试成绩单了，我的分数不理想。考官的意见是：味道不够醇厚，肉质过于软糯。哎，我该怎么办？我要去找找班主任老师。

（同学小美上。）

小美：你还要坚持给那位老爷爷做菜吗？这已经影响到你对味道的判断了。哪个大饭店会只做老人的饭菜呢？

小李：你忘了我选择烹饪的初衷了吗？哪个饭店不重要，重要的是对方能从我的烹饪中品尝到快乐的味道。而且，同时能制作适合多种人群口感的菜肴，是每个厨师的义务。只要勤加练习，我相信我一定可以做到。

小美：嗯，你说得对，我要向你学习！

（班主任老师上。）

小李：老师，我想找您聊聊。

老师：我也要找你。你是想说这次考试吗？

小李：是的。这次，我没考好。（低头，作惭愧状。）

老师：小李，你作为志愿者，热情为老兵服务，因为考虑老兵的口味，所以菜品偏淡，偏糯了，没有错。这次没考好，主要是忘了考虑评委的口味，也就是大众的口味。没有关系，咱们吸取教训，以后在不同场合，要考虑不同对象的口味，这样一定会做得好。

小李：好的！谢谢老师！

五、雷锋精神伴我行

班：每到学习雷锋纪念日，总离不开这些话题：雷锋是否还符合我们这个时代？今天我们还需不需要雷锋精神？还要不要学习雷锋？请大家讨论。

（预设：学生发言说，雷锋是我们国家的英雄，不论什么时代，我们都应当学习他。今天我们学习上需要钉子精神，对班集体和社会需要奉献精神、螺丝钉精神，同学之间需要团结友爱、助人为乐的精神，生活上需要勤俭节约、艰苦奋斗的精神。）

班：是的，雷锋，不仅是我们祖辈、父辈学习的榜样，更是我们学习的榜样，时代需要雷锋精神，我们需要向雷锋学习。

团：那么，我们是不是只在每年3月想起雷锋？学雷锋怎样才能避免"一阵风"？

（预设：学生发言说，不是。学雷锋必须持之以恒，每个人都要有服务他人的思想。我们身边也有很多无私奉献的人，雷锋精神离我们并不遥远。我们在班级、学校都可以做到关心集体、助人为乐。我们可以为班级做些力所能及的事，也可以经常参加公益活动，做保护环境、帮助他人的好青年。学雷锋不能"一阵风"。）

团：对！我们要坚持从身边的小事做起，从身边的人帮起。努力把学雷锋、发扬雷锋精神落到实处。

六、雷锋在我们行列中

班：下面请我班学雷锋积极分子、青年志愿者×××同学作演讲。

（同学们掌声欢迎，×××同学上场演讲。）

×××同学：同学们！作为学校"爱心小厨"青年志愿者服务队的一员，我觉得非常光荣。我深深地感到，志愿者活动增强了我们的责任意识、服务意识、使命感和自豪感，提高了我们的实践能力，使我们进一步提升了职业素养，在帮助别人的同时也提升了自己。

在学校，我们会更加努力地刻苦学习，与同学们团结互助，认真完成学业，关心班级事务。课下通过参与志愿者活动，成为雷锋精神和志愿者服务精神的宣传者、实践者、示范者，更加明确了自己身上的责任和义务。

我们在给别人带来温暖的同时，也为自己带来实现自我价值的愉悦感。在"奉献、友爱、互助、进步"的旗帜下，我们实现了自己对社会的承诺，弘扬了雷锋精神，必将书写出充实而幸福的人生。

我和我的伙伴们在今后的学习生活中，将继续从我做起，从小事做起，不断践行志愿者诺言，时时弘扬雷锋精神。

七、百花齐放才能春色满园

班：时间过得很快。现在欢迎班主任老师为我们作指导。

（同学们掌声欢迎班主任讲话。）

班主任：同学们！雷锋虽然只有小学文化，但他通过刻苦学习和勤奋努力，在他的日记和发表的文章中，留下了许多名言。这些名言鼓舞、激励了一代又一代的青年人不断开拓、奋进。他曾说过：一滴水只有放进大海里才能永远不干涸，一个人只有当他把自己和集体事业融合在一起的时候才有力量。一朵鲜花打扮不出春天来，只有百花齐放才能春色满园。

希望同学们今后都能够细心观察生活，从生活中发现那些默默无闻却又闪光的奉献精神，从自己力所能及的小事做起，去关心我们的集体，关心身边的伙伴。做任何事情都要认真求实，敢于为集体为他人奉献。用你们的行动和新时代中职学生的独特个性，去诠释雷锋精神！

班：斗转星移，移不走雷锋的英灵。

团：岁月流逝，逝不去我们对雷锋的热忱。

班：驿路梨花遍地开，雷锋精神永相传。

团：让我们时时以雷锋为榜样，处处踏着雷锋的足迹行。

班：也许你一句不经意的善语，就能打开一个人的心灵。

团：也许你一个不起眼的动作，就能为他人带来一片温暖！

合：让我们行动起来，用我们的满腔热忱唱一曲雷锋赞歌，让雷锋精神代代相传！

（全班齐唱《接过雷锋的枪》。在歌声中，主持人宣布主题班会到此结束。）

写好主持词

读着马老师的这篇教案，生动、精炼的主持词如在耳畔响起，叩击着心扉，激荡着思绪。

主持词是主持人在活动过程中用于串联节目的。因此，主持词在活动中起着相当重要的作用，主持词的质量将直接影响整个班会的推进。

撰写主持词，建议在班主任的指导下由学生来完成。根据主持人的人数不同，可分为单人主持词、双人主持词和多人主持词。由于班会活动形式的多样化，因此主持词应力求新颖，不拘一格，突出个性。

1. 激情的开场。开场白是引入班会的一段道白。它主要用于介绍班会的主题、召开的背景和与会的人员。在撰写开场白时，要注意内容具体，不遗漏重要环节；语言要简练恰当，既能吸引听众，又能迅速切入主题。

2. 巧妙的转承。主持词对活动的推进有着重要的作用，起着重要的承接功能，既可对上一个活动（节目）作适当的总结和评价，又可对下一个活动（节目）作简要的介绍，也可以兼顾两者。主持词的语言力求自然顺畅，使班会形成整体感。

3. 精当的结束。结束语是在班会最后部分带有总结性的一段道白。它是对整个班会进行总结和评价的部分，是对班会内容的提炼，也常常是班会主题的升华。因此，力求做到准确精练，鼓舞人心。

主持词在语言组织方面还应注意宜简不宜繁。因为主持词在班会活动中起到的是串联作用，而活动才是班会的主体，所以主持词不能喧宾夺主，语言表述要简练，要准确达意。

当然撰写主持词时也可以有意识地增强主持词的文化内涵，可以适当地借鉴古典诗词、名人名言，力求提高主持词的艺术感染力。而灵活地运用各种表达方式和修辞手法，也能为主持词锦上添花，使其读来朗朗上口，更具有音乐的节奏美。

如果将班会课中的每一项活动比喻成珍珠，那么，主持词就是用来将其串联成一串精美项链的丝线。因此，班主任应在日常工作实践中认真指导学生写好主持词，为每一次的班会课增光添彩。

本课的主持词值得借鉴。

8 今天我们为什么要读书
（读书指导话题）

安徽六安技师学院　付厚义

设计背景

党的十八大以来，以习近平同志为核心的党中央高度重视全民阅读。2012年11月，党的十八大报告提出"开展全民阅读活动"。2014年以来，"倡导全民阅读"连续三年写入国务院政府工作报告。《中华人民共和国国民经济和社会发展第十三个五年规划纲要（2016—2020年）》要求"推动全民阅读"，并将全民阅读工程列为"十三五"时期文化重大工程之一，将全民阅读提升到国家战略高度。

然而，当今社会，阅读的碎片化、快餐化、娱乐化、功利化等已成为一种普遍现象，不少人把大量时间放在了微博、微信以及一些简短的新形态阅读产品上，对于一些传统的经典名著敬而远之。尤其是在中职校，学生缺乏阅读的习惯，很多学生一年甚至几年没有看过一本课外书。为此，我们更要引导学生在学习和记忆的黄金时期多读书，读好书，养成读书习惯。

教育目标

1. 帮助学生认识读书的作用，知道读书的好处。
2. 引导学生健康阅读，养成认真读书的习惯。
3. 激发学生读书的兴趣，在班级中营造良好的读书氛围。

课前准备

1. 准备哈佛大学图书馆图片、发达国家的人在地铁里认真看书的图片。

2. 准备白茹云参加第二季《中国诗词大会》的视频。

3. 准备董卿阅读和作笔记时的图片。

4. 准备看图猜成语图片和成语答案。

5. 准备比尔·盖茨、爱因斯坦等犹太名人的图片。

6. 让 3 位同学准备介绍犹太人读书的情况。

7. 准备 2016 上海书展暨"书香中国"上海周人山人海的照片。

8. 制作 ppt。

教育过程

一、观看图片，引入话题

师：同学们，下面让我们首先来看两张图片（出示课件）。这是第一张，大家知道这是哪里吗？这是美国哈佛大学图书馆。它是美国最古老的图书馆，也是世界上藏书最多、规模最大的大学图书馆。有 8 位美国总统、33 位诺贝尔奖获得者曾在这里学习过。在 400 多年的发展过程中，共拥有馆藏图书 1500 万卷。这些蕴藏思想智慧的综合性的馆藏资源对哈佛师生的学习研究发挥着重要作用。

再看下一张。（出示课件）这是一张发达国家大人和小孩在地铁里认真看书的图片。同学们可能并不知道，在欧美发达国家的地铁里、火车上以及一些其他交通工具上，很多人都在静静地看书。

看完这两张图片，我们不禁要问：为什么？难道读书就这么重要吗？

二、分享故事，领悟读书的意义

师：同学们，很多时候，大家可能会产生疑惑，从小到大我们读过很多书，但现在都忘记了，读书对于我们来说，到底有什么用？下面就让我们来听一个故事，听的时候，请大家认真思考：故事里爷爷想通过竹篮子打水告诉孙子怎样的道理？

在一座山里，住着一位农夫和他的小孙子。每天清晨，老爷爷都会早早地起来读书。有一天，孙子问道："爷爷！我也想和您一样读书，可我读不进去。只要我把书本合上，我就忘得一干二净。读书有什么用？"

老爷爷指着角落的篮子说："这个篮子是放煤炭的，你带去河边，帮我盛一篮子水回来吧。"于是小孙子照爷爷说的去做了，不过回到家里，篮子里的水早就漏光了。

"你下次得跑得快一些。"老爷爷笑着把小孙子再一次带到了河边。这一次男孩跑得飞快，但回到家，水依旧漏完了。试了好多次后，男孩终于说："爷爷，篮子装不了水！这根本就没用！"

老爷爷笑着说："你觉得没用，可是你再看看篮子。"男孩转过头看篮子，他发现，原本又破又脏的煤炭篮子，已经从里到外变得非常干净了。

同学们，故事到这里就结束了，下面请大家谈一谈故事里蕴含怎样的道理以及读书的作用。

（预设：学生回答，读书可以滋养心灵，读书可以让人学会思考，读书可以丰富我们的精神世界，等等。）

师：同学们，通过上面的故事，老师想告诉大家，阅读好书的时候，你可能无法完全理解它，也记不住多少内容，但只要你用心阅读，就会在不知不觉间净化了心灵。就像我们还是孩子时，吃过很多食物，现在已经记不起来具体的名字和模样了。但可以肯定的是，它们中的一部分已经长成我们的骨头和肉。

读书和锻炼的道理是一样的。锻炼的人与不锻炼的人，隔一天看，没有任何区别；隔一个月看，差异也不是很大；但是隔五年十年看，身体和精神状态上就有了巨大差别。读书与不读书，日积月累，终成天渊之别。

三、观看视频，激发对阅读的热爱

师：同学们，生活中经常有人抱怨自己出身寒门，抱怨生活不如别人美满，抱怨自己长得不够帅气，甚至抱怨自己不如别人聪明，等等。

然而，老师想告诉大家，即使家世不好，我们一样可以高贵。对于出身寒门的年轻人来说，有一条路是通往高贵的"捷径"。这条路，无论贫富贵贱，都公平地摆在你面前，那就是——读书。

下面请大家看一段视频，看完之后，请大家谈谈女主人公所展现出怎样的气质？（视频简介：白茹云，《中国诗词大会》第二季的一名挑战者，一位

40 岁的农民，她的人生充满了坎坷。弟弟 8 岁时，脑子里长了一个瘤，发病时，就使劲捶打自己的头，打得头都破了。为了让弟弟安静下来，白茹云用尽办法都难以制止，可当她给弟弟读诗歌的时候，他就安静下来了。从那时候开始，她就看了很多书，积累了很多诗词。但不幸的是，2011 年，她患上了淋巴癌，因为家境贫寒，丈夫要在外给她赚医药费，她只能一个人去医院化疗。当同屋的人都有人陪床照料的时候，她靠的是古诗词。住院的一年多时间里，她把一本诗词鉴赏书看完了。除此之外，为了省 24 元车费，她放弃坐直达石家庄的大巴，早晨 5 点起床，辗转换车 5 次，上午 10 点才能到医院。做完化疗以后，她的鼻子、眼睛、耳朵、嗓子都出了问题，耳朵听不清，眼睛老流泪，声带发音也不好。但她还是自信地站在了《中国诗词大会》的现场，笑着说，每个人都要经历一些波折，这都不算什么。）

师：下面提问，请同学们谈谈白茹云表现出了怎样的气质？

（预设：学生回答，淡定，从容，豁达，等等。）

师：同学们，在白茹云的身上，我们感受到的是，当你腹有诗书、胸有成竹时，你就不会去羡慕别人的生活。你就会明白，生活有很多种方式、很多种可能，不管境遇如何，都可以泰然处之。就像白茹云，面对人间苦难，仍能在比赛出场时淡定地念到"千磨万击还坚劲，任尔东西南北风"。（出示课件）

四、分享名人故事，讨论如何养成良好习惯

师：每个名人成功的背后都付出过勤奋与努力，特别是在读书这个问题上，他们对自己要求尤其严格，坚持每天阅读。那么，如何养成良好的阅读习惯？下面就让我们一起听"名人读书故事"，或许在他们身上能得到一些启发。

大家知道这个人是谁吗？（课件出示央视主持人董卿的照片）

（预设：学生回答，董卿。）

师：是的，董卿，央视主持人，很多人被她的才华所折服。那么同学们知道为什么那么多人喜欢董卿吗？这跟她爱读书有很大关系。董卿曾说："假如我几天不读书，我会感觉像一个人几天不洗澡那样难受。"即便工作再忙，董卿每天都会保证一个小时的阅读时间，直到今天也是如此。她说："读书让人学会思考，让人能够沉静下来，享受一种灵魂深处的愉悦。"早在中学时，

董卿就开始三五天读一本名著。每年寒暑假，母亲都会给董卿列书单，基本都是《红楼梦》、《基督山伯爵》、《简·爱》、《茶花女》等国内外名著。

董卿不仅喜欢阅读，而且还有摘录的习惯。（课件出示董卿摘抄图片）通过董卿读书的故事，下面请同学们思考如何培养良好的读书习惯。

（预设：学生回答，对阅读感兴趣，从小开始养成，每天固定自己的阅读时间等。）

师：大家回答得非常好。一个人如果要培养自己读书的好习惯，就一定要对阅读感兴趣，并从自己感兴趣的书本开始读起，因为兴趣是让你爱上阅读的基石。另外，要给自己制订一个阅读计划，每天固定一个阅读时间，找到适合自己的阅读方法，并有毅力地坚持下去，久而久之，阅读习惯自然就会形成。

五、调查了解读书情况，引导开展健康阅读

师：同学们，通过前面的讲解，我相信大家已经体会到阅读对于我们每个人的重要意义，那么不知道同学们的读书情况如何呢？你每天读书吗？什么时间读？读多久？

（预设：学生回答，平时很少读书，看的大多是电子书籍，以微信、微博为主要的阅读渠道。）

师：通过同学们的发言，可以看出来大家阅读量的欠缺。可能有的同学会问，其实我们也一直在阅读，看电视、上网，这难道不是学习吗？大家怎么看这件事？

（预设：同学们回答，看电视、上网一样可以帮助我们获取知识，在微信、微博上阅读好的文章可以让我们得到启发，但往往是碎片化阅读、浅阅读，等等。）

师：李敖说："电视是批量生产傻瓜的机器。"虽然电视、微信、微博都可以给予我们知识，但眼睛永远没有心走得远。阅读给人带来了无限的想象空间，这是单纯的视觉享受无法提供的。所以我们大家还是应该多阅读一些纸质书籍。

那么作为中职学生，我们应该阅读哪些图书？

2016年央视综艺频道推出的《陪你读书》节目中，来自不同行业的荐书人，推荐了他们自己喜爱的书。每位嘉宾带来了他们的青春之书，代表着

不同时代不同故事背后的青春营养素，送给观众激情、善良、纯真、拼搏等等，越读越青春。在这里，老师也想推荐 6 本好书给同学们：

1. 励志小说：《平凡的世界》。（作者路遥，内容主要是鼓励年轻人没有过不去的坎。）

2. 家书：《傅雷家书——学生版选注本》。（作者傅雷，内容主要是父母的谆谆教诲，以及孩子与父母之间的真诚交流，它可以让你学会理解与感恩。）

3. 古典名著：《三国演义》。（作者罗贯中，内容是用一个个的英雄故事，点燃了我们心中的激情。）

4. 文学作品：《林清玄散文》。（作者林清玄，内容可以教会你如何思考，如何表达，这是成长中的学生最应该读的书。）

5. 国外短篇小说：《小王子》。（作者法国作家安托万·德·圣·埃克苏佩里，教会我们每个人都是一个宇宙。）

6. 国外长篇小说：《简·爱》。（作者夏洛蒂·勃朗特，女主人公告诉我们：遇到困难，我们要勇敢地去面对，要像简·爱一样，顽强地追求幸福生活。）

同学们，歌德曾说："一书一世界。"今天，我们读的每一本书都将帮助我们了解世界，也将丰富我们的人生。这 6 本书只是种子，希望能在大家心中生根发芽，开花结果。

六、分析国民读书现状，引发学生深思

师：最近中央一套推出的《中国诗词大会》和《朗读者》火了。大家思考过为什么这两个没有小鲜肉、没有大明星的综艺节目却获得观众们如此高的评价吗？也许下面一组数据可以帮我们找到答案。请看大屏幕（出示课件）：

2015 年我国国民人均纸质图书阅读量为 4.5 本，韩国为 11 本，法国为 20 本，日本为 40 本，以色列为 64 本。

从这组数据中，我们可以明显看出，我国的人均阅读量相对于发达国家来说真的很少。在这个浮躁、生活节奏越来越快的社会，很多时候，我们只顾得奔波和忙碌，而忘记了阅读，忘记了心灵的修行。而这两档节目像一股清流，为大家带来了阅读的快乐。

接下来，让我们放松一下，大家一起玩一个游戏，游戏的名字叫看图猜

成语,看哪位同学猜得最多。请看大屏幕。(课件出示:狗急跳墙、草木皆兵、鱼目混珠、兵临城下等图片。)

(学生参与游戏。)

师:通过小小的游戏,就可以看出多读书的同学自然能够对答如流,反之,那些平时读书少的同学,只能目瞪口呆。

下面我们再来看一个读书"厉害"的民族吧,相信从这里你会有新的发现。课前我们已经安排3位同学搜集犹太人的读书情况,我们来看看他们会给我们带来怎样的震撼!

同学甲:全世界1300万犹太人仅占世界人口的0.3%,而诺贝尔奖获得者中犹太人占总获奖人数的近30%,按其获奖数与人口的比例计算,是其他民族的100倍。

同学乙:犹太人不仅在科学领域出现了众多的顶级人才,在经济、学术、艺术、文化等领域出现的全球领袖人物也比比皆是:马克思、弗洛伊德、歌德、黑格尔、达尔文、爱因斯坦、毕加索……就经济界而言,占世界人口0.3%的犹太人控制着全世界一半的财富。(课件出示马克思、弗洛伊德、歌德等人的图片。)

同学丙:在犹太人的家庭里,充满着浓郁的读书和求知的氛围。当孩子稍微懂事的时候,母亲便会翻开《圣经》,在上面滴一滴蜂蜜,然后让孩子去吻它。这种传统仪式意味深长:让孩子从小就懂得书本是甜的,日后要爱不释手。犹太人把《圣经》当成孩子的语文课本,任何一位犹太母亲都能背诵圣经,孩子大声读出来的每一个句子,母亲都有能力与孩子讨论、分享。孩子在12岁以前大都已经把《圣经》——36万字的语文课本,读了几十遍,他们已经有能力自由地阅读更多的书。

师:这是犹太人的读书情况,书改变了他们的民族,也改变了他们每一个人。

同学们,其实在我们国家也不乏热爱阅读的人们。特别是近年来的全民阅读活动和我们学校的书香校园建设活动。这是2016上海书展暨"书香中国"上海周的一张照片。(出示课件)画面里,人山人海,小到几岁的孩子,大到白发苍苍的老人,他们正畅游在知识的海洋里,享受阅读带来的快乐。也希望有一天,在照片中能看到大家的身影。

七、总结全课，寄语全班

师：通过今天的主题班会，我们已经认识到读书的重要性。不读书，世界就和纸一样单薄。读书的人，能从每本书里看到这世界的不同侧面，学识与情感都在阅读中丰厚。我们正值读书的最好时光。抓住时光多读书，夯实精神的底子，奠定人生的基础。读书，正是为了遇见更好的自己。最后，和同学们分享两句话。这是北大教授陈平原说的（出示课件）。第一句话是："如果你发现自己已经好长时间没读书，而且没有任何负罪感的时候，你就必须知道，你已经堕落了。"（出示课件）这是给我们每一个人的警告。青少年正处在人生的关键时期，更不能缺少书籍的陪伴。第二句，也是我很喜欢的一句话："最浪漫的事，莫过于与阅读长相厮守。"（出示课件）这是一种美好的祝愿。

希望同学们，以读书为乐，感悟精彩生活，享受阅读人生！

点 评

班主任应成为杂家

这节课是指导学生读书的。说起指导学生读书，有老师会说，那是语文老师的事。说实在的，班主任要胜任学生的"人生导师"，就应该会指导学生读书。从"人生导师"的要求考量，班主任应成为杂家。

班主任应成为杂家，班主任工作涉及的话题很丰富，对涉及的话题，班主任要努力学习，成为行家里手。比如班主任要会指导学生读书。付老师的这节课为我们提供了很好的范例。从观看图片，导入话题到讲述故事，明白读书的意义；从观看视频，激发对阅读的热爱到分享名人故事，讨论如何养成读书的良好习惯；从年度国民读书数据的分析到读书方法的指导，从读书书目的推荐到读书意义的分析，付老师用心构架，娓娓道来，为学生提供了丰盛的读书指导的精神大餐。

班主任应成为杂家，更应成为专家。班会课不等同于学科课，班会课更聚焦学生的精神成长。对此付老师正视生活中的问题，在谈到电视、网络对读书的影响时，谆谆告诫"虽然电视、微信、微博都可以给予我们知识，但眼睛永远没有心走得远。阅读给人带来了无限的想象空间，这是单纯的视觉享受无法提供的。所以我们大家还是应该多阅读一些纸质书籍"。这样的表述，对学生读书观的形成有着良好的引导。又如在谈及中职学生读书的意义时，付老师指出"我们正值读书的最好时光。抓住时光多读书，夯实精神的底子，奠定人生的基础。读书，正是为了遇见更好的自己"。言辞恳切，言之有理，体现了用词准确、用情深切的特点，体现了班主任的专业精神，值得称道。

　　在实践中，许多非语文学科的班主任重视读书指导，积累了成功的经验和丰富的案例。从这个意义上说，班主任成为杂家也完全有可能，有必要。而我们需要进一步加强学习，加强实践。在不断地学习和实践中，我们也就成为了班主任工作的行家里手，成为了班主任工作的专家。

9 炫彩人生"动"中来
（体育运动话题）

广东省深圳市第二职业技术学校　刘丹娜

设计背景

为全面推进素质教育，提高全体学生的健康水平，2007 年 4 月我国启动全国亿万学生阳光体育运动。"保证中小学生每天一小时校园体育活动"，还被写进 2011 年政府工作报告。2016 年 9 月，国家体育总局官网又公布了《青少年体育"十三五"规划》，一系列的重要举措都告诉我们，青少年学生体育运动的重要性。的确，少年强则中国强。

但是，怕苦怕累、不愿坚持、缺乏有效指导等原因，导致许多中职学生主动运动的积极性不够高。没有时间、没有场地、身体不舒服等借口层出不穷，严重影响了学生身体素质的提高，进而影响其学业、今后的事业乃至生活的方方面面。因此，要让学生健康成长，必须让其明白运动在人生中的重要性，指导其科学、积极地进行体育锻炼。

教育目标

1. 知识目标：让学生明白不运动的危害、运动的好处，知晓自己适合哪些运动。

2. 情感目标：让学生增强以运动为荣的情感。

3. 行为目标：指导学生制订好自己的运动计划，并积极完成运动计划。

课前准备

1. 准备 3 个情景剧的排练。

2. 准备秒表一个、全班每位同学准备 ABCDEFGH 8 个科目（ABCD 与 EFGH 的重量相近即可）的书各一本。

3. 学生课前在手机上装好运动软件：Keep。

教育过程

一、"动"启人生：明星运动好处多

师：同学们，我想问大家一个问题："有谁一年 365 天都被素未谋面的人骂？有谁没有任何理由就天天被别人说'你给我滚？'"

（预设：学生回答，没有。）

师：哈哈，一般都没有吧？但有一个人有这样的经历，这个人的名字叫袁姗姗。（播放 ppt）2015 年以前，她就是这样一个天天被骂、日日被黑的"黑姑娘"。而正是这样一个姑娘，却在 2015 年变成了国民热捧的"马甲线女王"。这中间发生了什么？相信大家都有所耳闻，那就是"运动"。运动给我们带来的震撼太多了，不信，来看看我们熟悉的明星们。（播放短片《明星运动好处多》。短片简介：明星们通过运动改变了自己的生活和事业。袁姗姗通过健身从网络"黑"人变成了女神，陈意涵则用跑步和零散时间的运动铸就了青春容颜，李治廷因为运动而魅力四射，张丰毅年纪虽大，但却因为运动而拥有强健的体魄。）

（学生观看视频。）

师：是什么让袁姗姗赢得超高人气？

（预设：学生回答，运动。）

师：是什么让陈意涵青春常驻？

（预设：学生回答，运动。）

师：是什么让李治廷魅力四射？

（预设：学生回答，运动。）

师：是什么让张丰毅老当益壮？

（预设：学生回答，运动。）

师：不错，生命在于运动，人生也会因为运动而更精彩，这节课就让我们来感受运动的神奇力量，让运动成为我们炫彩人生的主旋律。

二、"动"思己过：不运动的我们

师：同学们，通过刚刚的短片，我们已经知道，一些明星成为了运动达人，也切切实实从运动中收获了绚丽的人生。我们呢？来看看我们身边的例子吧，请看情景剧表演。有请第一个情景剧表演的同学上台：

（旁白：课间，大家都在玩闹，班上的拼命三郎小A正在埋头做作业。）

小A：马上又要期中考了，我必须争分夺秒啊。别人在看电视时，我要学习；别人在玩手机时，我要学习；别人在运动时，我也要学习。只有这样，才能赢得美好人生。可是奈何老天不眷顾我，感冒如影随形，咳嗽常伴左右，这不，这会儿我的头怎么这么晕？我的眼前怎么那么多星星？（咚——晕倒在课桌上。）

小B：哎呀，小A你怎么啦？（摸额头）天啊，这么烫。同学们，快来帮忙把他送医务室。

（旁白：诊断的结果是——小A体质差，抵抗力低，这回是感冒加眩晕症……）

师：现在请看第二个情景剧表演：

（旁白：这是一个风和日丽的上午，我们班从小就有军营梦想的小C兴高采烈地去征兵处。）

小C：（边唱边走）我是一个兵，来自老百姓。（得意洋洋地说）我要成为一个军人了，哈哈哈！

（旁白：没过多久，他就垂头丧气地回来了。）

小C：（满面愁容）怎么会这样，体能还会不合格？怎么办？……

师：现在请看第三个情景剧表演：

小D：小E，你哥不是今天结婚吗？上周你不是才说今天要请假的吗？怎么这会儿来啦？

小E：（无奈地摇摇头）你是不知道多可笑，我未来嫂子突然悔婚了。原因是，他俩上周去公园玩，我嫂子不小心崴了脚，我哥他居然背不动我嫂子，我嫂子才90斤左右啊。然后，我哥找来了一辆自行车，想把我嫂子载回去，结果力气太小踩不动，她又从车上摔了下来。然后，她就成了我前嫂子。我哥回到家后，我爸气得大骂："叫你天天打游戏，叫你天天当懒虫，动都不动一下……唉，家门不幸啊……"

小 D：（小声嘀咕了一句）你不也是这样吗？……

师：感谢几位同学的精彩表演。这三位主人公，他们的问题都不难解决，请同学们给他们支招吧。

（预设：学生回答，要运动，要多锻炼，等等。学习要以健康的身体为前提，应该做到劳逸结合；要参军，没有健康的体魄，怎么保家卫国，所以，也必须锻炼身体；男子汉要保护家人，给家人以安全感，也必须有健康的身体；等等。）

师：是的，身体是人生的本钱。完成学业，成就事业，保家卫国，没有健康的体魄，一切都是零。

三、"动"之体验：体验运动

师：同学们，明星们通过运动既提高了颜值，又成就了事业，尽享美好人生。我们有的同学却因为缺乏运动，体质过弱而苦不堪言。同学们，你想拥有傲人身姿吗？想拥有苗条身材吗？想拥有不老容颜吗？想拥有美妙心情吗？想拥有健康身体吗？下面，就让我们一起来见证运动带来的美好体验吧！请看活动规则（出示课件）：

活动规则

活动为闯关形式，共 3 个项目。每完成一个项目可以进入下一关，闯关失败自动淘汰。现在先请大家把课桌椅都移到教室边上，空出教室中间的位置。每一关被淘汰的同学则回到课桌椅边，继续观赛并给其他同学加油。

项目一：耐力测验——平抬举书

全班同学排成横排 8 名，竖列 5 名的队列，前后一臂距离，左右一臂距离，横竖对齐。最左边 5 名同学作为监督员监督本横排同学的动作，老师是计时员。其余同学左手拿 4 本书（ABCD），右手拿 4 本书（EFGH），同时举起来，使整个手臂与身体呈 90 度角，并且保持这个姿势不变。坚持 1 分钟者闯关成功，进入下一关。时间不够或者动作不到位者淘汰。

项目二：速度与体力测验——原地高抬腿

闯关者分成两组，一组进行测验，另一组数数，交替进行（若前一关剩下学生为单数，则单出来的学生由已淘汰的学生来数数）。老师计时，每组1分钟。动作要求是在保持上身笔直的情况下，两腿交替抬至水平位置。两手抬至腰间水平位置以保证两腿抬到位。一边腿碰到水平的掌心一次算一个标准动作。两组都结束后报数，1分钟内超过80个的同学闯关成功，其余淘汰。

项目三：柔韧度测验——前俯腰

由已经淘汰的学生自发作为监督者监督动作是否到位（视闯关人数来定，是1人监督1人还是1人监督2人），老师计时1分钟。动作要求是两脚并步站立，膝盖不能弯曲，上体前屈，两手指尖点地，持续1分钟者则闯关成功。动作不到位，或者时间不够者淘汰。

师：现在开始——

（同学们开展活动。）

师：好，活动时间到。大家把课桌椅还原。现在，大家来说说，都过了几关？

（预设：回答3关、2关、1关……）

师：能坚持到最后的同学，可见身体各项机能都不错。我想来采访一下这些同学（走近一位坚持到最后的同学），你平时运动吗？做什么样的运动？每天都坚持做吗？

（预设：学生回答，运动，打篮球，坚持每天都打至少半小时。）

师：你觉得这些项目难吗？完成到最后累吗？

（预设：学生回答，不难，坚持一下就全都做下来了，也不算太累。）

师：当你取得最后胜利的时候，你有什么感受？

（预设：学生回答，感觉很好，因为很多同学都做不到，我挺有成就感。）

师：你愿意时时体验这种感受吗？

（预设：学生回答，当然愿意啊，这就是运动的乐趣之一。）

师：然后，我们再来采访第一关都过不了的同学（走近一位第一关就被淘汰的同学），你平时运动吗？

（预设：学生回答，不怎么运动。）

师：你觉得这些项目难吗？累吗？

（预设：学生回答，难，很多都做不到，就是做到了也坚持不了 1 分钟。很累。）

师：第一个项目都无法完成时，你有什么感受？

（预设：学生回答，本来看起来不难的动作，怎么自己会做不了呢，感觉很不解也很丢脸。）

师：你还愿意继续这样吗？

（预设：学生回答，不愿意，以后要常运动才行。）

师：同学们，不管大家在今天的活动中获得了怎样的成绩，我们都能体验到运动的乐趣，以及平时运动与否对身体机能的影响。生命在于运动，因为运动，生命不息，因为运动，精彩不止。

四、"动"感精彩：移动健身房

师：但是，有同学会说，老师，我们都知道运动的好处，也知道必须要运动，奈何坚持不下来啊！是啊，怎么办？我们来看一个短片，或许能从中找到解决的方法。（观看《不运动的借口》。短片简介：男生女生都想拥有苗条的身材，但是运动的借口或者阻碍太多。女主人公看到网上别人火辣的身材三次想去运动，但第一次因为追剧没去，第二次因为闺蜜约饭没去，第三次因为下雨没去成。男主人公面对恼人的小肚腩，想去运动，但无奈老板安排的任务没完成，也没运动成。）

（学生观看短片。）

师：请问同学们，这两个人总是不运动的原因是什么？

（预设：学生回答，找各种借口——没有合理的时间安排，没有争取零碎时间做运动，没有明确的运动目标，没有人监督。）

师：是的，我们不运动的借口或者原因有很多，要克服这些困难就应该做到：1. 坚定目标抛借口。2. 制订计划按步走。3. 相互监督齐落实。4. 坚持不懈动动动。

下面，老师有一个礼物要送给大家，那就是一个移动健身房和一个专属健身教练。（播放指引视频，如课时紧，可不播放。）

第一步：请大家拿出手机，打开课前下载并安装好的 APP——Keep。

第二步：注册账号。

第三步：填写个人基本信息（包括体重、身高及运动基础）。

第四步：先订制自己喜欢的或者时间空间上更适合自己的2—4周训练课程表。制定健身目标、设定训练难度、设定开始日期，然后在本软件中相互关注，保存并将自己的课程表截图发至班级微信群。

第五步：开始按照健身教练的指引，进行锻炼吧！

同学们，我们应该认识到生命的源泉是运动，而运动的核心是坚持。只有坚持不懈地运动，才能拥有强健的体魄，优美的身型，无尽的活力，愉悦的心情和炫彩的人生。

五、"动"不停歇：课后作业

师：最后，给同学们留点课后作业——

1. 每个周期课程结束后再次制定适合自己的训练课程并发布至班级微信群。

2. 每天晚上10点前将你今天的健身数据发布至班级微信群，让全班同学成为彼此的监督人。

3. 一个月后我们进行交流评比。

最后，祝愿大家都能成为运动达人，收获炫彩人生。

提纲挈领，要点分明

主题班会课怎样才能让学生印象深刻，难以忘怀？有班主任提出应做到"提纲挈领，要点分明"，我很赞同这一主张。本课就是成功的范例。

刘老师从全课整体分析，条理清楚，结构合理。她以"炫彩人生'动'中来"为题，设计了五个步骤：

1. "动"启人生：明星运动好处多；

2. "动"思己过：不运动的我们；

3. "动"之体验：体验运动；

4. "动"感精彩：移动健身房；

5. "动"不停歇：课后作业。

五个环节，紧扣"动"字展开，导入话题，对比反思，体验感悟，指导改进，落实行动，逐步推进。从课的重点环节来看，也做到了要点清楚。如

"'动'之体验：体验运动"，刘老师设计开展三个体验活动：项目一，耐力测验——平抬举书；项目二，速度与体力测验——原地高抬腿；项目三，柔韧度测验——前俯腰。三个活动由易到难，有利于促进学生对运动的深入思考。

提纲挈领，要点分明，既有利于班主任的授课，也有利于学生对要点的掌握。

10 向"优"看齐
（学习优秀的同伴话题）

辽宁省大连轻工业学校　沈　艳

教育家苏霍姆林斯基曾说过："如果教师引导儿童学习好榜样，鼓励一切好的行为，那么儿童身上所有的缺点就会没有痛苦和创伤地，不觉得难受地逐渐消失。"可见，树立好榜样对于帮助学生寻找目标、促进自省、塑造良好品德、提高自身修养起着重要的作用。向历史上、社会上涌现出来的先进典型、英雄模范学习固然重要，但对于很多中职学生来说，这些榜样都显得遥远，甚至有些高不可攀，而身边的榜样则更加容易触动他们的心灵，更加便于学习、追赶。

期中考试以后，正适合学生回望过去，展望未来，班级的推优评优活动让近在咫尺的榜样出现在学生的面前。抓住这样一个促发学生上进的教育环节，引导学生正确认识自己，反思自己的不足，向身边榜样看齐，对于班集体的建设和学生的成长具有十分重要的作用。

教育目标

1. 认知目标：引导学生发现身边的榜样，认识榜样对个人成长的激励作用。

2. 情感目标：让学生明白"尺有所短、寸有所长"、"三人行，必有我师焉"的道理，增强其不断学习、超越自我的意识。

3. 行为目标：帮助学生进行反思、自励，以身边榜样为镜，不断修正自己的行为。

1. 召开班团支部、班委会联席会议，进行班会策划，布置任务。

2. 向全体同学发出号召，观察身边带给自己感动、激励自己前进的人和事，将材料送交组委会。

3. 准备颁奖典礼备用物品：背景音乐、红毯、奖状、相机、花。

4. 邀请家长代表、任课教师代表、德育处教师代表出席。

5. 颁奖典礼主持人准备主持稿。

6. 获奖学生代表准备发言稿件并制作发言用的 ppt 或视频。

7. 以小组为单位准备卡片，用于制作星光卡。

8. 准备课件和背景音乐《夜空中最亮的星》。

教育过程

一、"星耀我班"颁奖典礼

（ppt 展示颁奖典礼背景。）

主持人男（以下简称"男"）：尊敬的各位老师、各位家长！

主持人女（以下简称"女"）：亲爱的同学们！

合：大家下午好！

男：这里是首届"星耀我班"颁奖典礼的现场！

首先请允许我为大家介绍今天莅临颁奖典礼的各位嘉宾，他们是：德育主任 × 老师、年级主任 × 老师、校团委书记 × 老师、校学生会主席 ××× 同学、××× 的父亲同时也是家长委员会主任的 × 叔叔，以及我们的班主任沈老师。

请大家用热烈的掌声欢迎他们的到来！

（预设：嘉宾在嘉宾席就座，介绍到的嘉宾和同学们挥手致意，同学们用热烈的掌声欢迎嘉宾的到来。）

女：就在不久前，通过自荐、推荐、审核、民主评选等环节，我们结束了"班级之星"的评选活动，各位"星探"从学校生活的各个方面发现了属于我们自己的明星，他们都是谁呢？答案将会一一揭晓。请看大屏幕——

（大屏幕上展示班级随机采访的小视频，问题：班里学习最服谁？学习上有困难去找谁？被采访者都说出了同一个名字。视频结束时，大屏幕显示该学生的笑脸照片，字幕显示：学习之星——×××。）

女：拥有梦想，勤奋向上。不但自己学习好，还会带动大家一起进步。他是我们最闪亮的学习之星——×××。

（预设：同学们喊出名字并报以热烈的掌声。）

男：有请星光推介人——校团委书记×老师。

校团委书记×老师：咱们班有这样一个姑娘，热情大方，聪明可爱。她是我校志愿者队伍中最坚定的一员——特别能吃苦、特别能战斗、特别肯奉献。暑期迎新、社区服务，随喊随到，她带给我们一次又一次的感动。她不但是我们班的骄傲，还是我们学校的骄傲！她就是我们的志愿服务之星——×××。

（大屏幕出现该学生的笑脸照片，字幕显示：志愿服务之星——×××。）

（预设：同学们喊出名字并报以热烈掌声。）

女：有请星光推介人——我们的班主任沈老师。

师：他是我的得力助手，是我心中最优秀的班干。他一直坚守自己的责任，为班级管理贡献力量。负责任、正直是他的代名词。让我们喊出他的名字——×××，我们的责任之星。

（大屏幕显示该学生在平日里清洁教室卫生角、整理教室桌椅、开会布置任务等照片，而后出现该学生的笑脸照片，字幕显示：责任之星——×××。）

（预设：同学们喊出名字并报以热烈掌声。）

男：认识自我、反思自我、改变自我、超越自我，他用他的毅力和决心实现了自己质的飞越。听听他的家人是怎么说的（播放视频）：

×××的母亲：大家好，我是×××的母亲。这一段时间以来，我最大的感受就是我家×××长大了，懂事了，回家上网的时间也少了很多，变得自信了。这一切都离不开老师和同学们的帮助，祝贺我的儿子当选班级进步之星，妈妈会和你一起成长！

男：恭喜我们的进步之星——×××。

（预设：掌声欢呼声响成一片。）

女：因为有她，我们的板报有了灵性；因为有她，我们的运动会热身表演有了活力。她——歌声美妙，她——文采飞扬，请允许我隆重向大家推荐我的好姐妹、我们班的才艺之星——×××。

（大屏幕上出现该同学的笑脸照片，字幕显示：才艺之星——×××。）

（预设：同学们喊出名字并报以热烈掌声。）

男：有请星光推荐人——我们的年级主任 × 老师。

年级主任 × 老师：他，是一位时时以"文明"标准要求自己的大男孩。他将礼貌、热情、宽容、诚恳融入到日常生活中，是文明礼仪的典范。很高兴介绍我们的文明礼仪之星——×××。

（大屏幕上出现该同学的笑脸照片，字幕显示：文明礼仪之星——×××。）

（预设：同学们喊出名字并报以热烈掌声。）

女：这些"班级之星"在学习、工作、体育、文艺、志愿服务等方面作出了突出的成绩，展示了他们积极进取的精神风貌，让我们再次用热烈的掌声向他们表示祝贺。

（预设：掌声响起。）

男：我们也期望借此活动来营造积极奋进的班风学风，让同学们学有榜样，赶有目标，超越他人，成就自我。

女：在过去的一学期里，他们用心学习、努力工作，成为班级的楷模。

男：今天，我们要用一个简单而隆重的颁奖典礼对他们的突出表现进行表彰！

女：音乐已经响起，红毯已经铺就，下面我宣布："星耀我班"颁奖典礼——

合：现在开始！

男：掌声有请获奖同学到台前来——

（音乐响起，学生沿着红毯走上讲台，站定。）

女：有请特邀嘉宾为他们颁奖。

（由特邀嘉宾颁奖，授予获奖同学奖状和鲜花。）

女：请获奖同学与颁奖嘉宾合影留念。

（宣传委员拍照。）

男：今天的"班级之星"，明天的社会栋梁。让我们再次用掌声向他们表示祝贺。颁奖嘉宾、获奖同学请就座。（颁奖嘉宾、获奖同学入座。）德育主任 × 老师请留步，同学们，欢迎 × 主任给我们说两句好不好？

（预设："好！"，掌声响起。）

德育主任 × 老师：今天能来参加咱班首届"星耀我班"颁奖典礼，真的非常开心。获奖的同学们有的学习刻苦，成绩突出；有的兴趣高雅，多才多艺；有的谦逊有礼，举止文雅；有的爱班如家，辛苦自己，造福他人。他们展现了我校学生的风采，传递了"正能量"。我要真诚地表达我对他们的祝贺和敬意。今天在这里表彰班级之星，也是为了激励大家像他们那样对待学习、对待生活，树立正确的人生观和价值观，争做有理想、有美德、有技术的新时代中职学生。最后我要祝同学们快乐成长、不断进步，祝我们的班主任沈老师工作愉快。谢谢大家！

（预设：同学们报以热烈掌声。）

男：感谢 × 主任对我们的鼓励，请您就座。

二、榜样不远，就在身边

女：好羡慕这些获奖的同学呀。我也想像他们一样，努力作出成绩，站到领奖台上，展示自己的风采。

男：是呀。其实在我们共同生活的这段时间里，我发现每个同学身上都有闪光点，都有值得别人学习的地方，而这几名同学能够脱颖而出，成为我们中的优秀分子，一定有他们的独到之处，想听听他们的心声吗？

（预设：学生回答，"想！"）

男：下面就请我们的明星代表和大家分享"优秀养成记"。

女：首先请出的是学习之星 ×××。咱们今年开设的专业课——网页制作，是令绝大多数同学头疼的一门课，从考试成绩上可见一斑（学生们有的摇头，有的叹气，有的相视而笑），可是他竟考了98分的年级最高分，是我们公认的"学霸"，拥有一大批粉丝呢！（学生笑）他是怎么做到的呢？有人说他底子好（有学生表示赞同），可专业老师不这么认为，在这里只有一条起跑线，还是直的（学生笑），听听他怎么说吧。有请！

学习之星：尊敬的来宾，亲爱的同学们，大家好！首先我要感谢老师们对我的辛勤培育！也很感谢各位同学对我的信任！很开心能在这里和大家分享我的一些学习心得。从选择了我们专业的那天起，我就通过各种渠道了解专业的特点和未来从事的职业，树立了自己的奋斗目标：成为一名网络工程师。有了目标，还要找到适合自己的学习方法，科学合理地安排时间，尤其是晚自习的时间，要根据课堂知识的掌握程度来分配，在课堂认真听讲的基础上对知识进行总结归纳，及时巩固。

我认为，学习是一个主动的过程，在没有人监督我们学习的情况下，要学什么，学到什么程度是你自己应该去打算的事。上网、去图书馆、请别人教都是学习的途径。"求学，求学"讲的就是个主动。遇到不会的我都会去问老师、问同学、主动查资料，而不是等着别人来教我。我要一步一步实现自己的目标，成为自己想成为的人。学习是很辛苦的，为了让自己不松懈，我给自己制订了详细的计划。今日事，今日毕。坚持从理解的角度上学习知识而不只是应付考试。这样我就可以在任何时候都运用自如了。最后我要向大家推荐我经常登录的一些学习网站——"慕课网"、"微学院"、"51CTO学院"等。希望对大家的学习能有些帮助。咱们一起努力把我们的专业学好，成为对家庭、对社会有用的人。谢谢大家！

（预设：在掌声中结束发言。）

男：同学们，有收获吗？（大家纷纷点头）先不急着发表意见，因为接下来还能学到更多。大家都知道我们学校有一支志愿者队伍，他们深入校园和周围的社区，用自己的行动温暖和帮助了别人，我们班的×××就是其中的一员。队伍里有些同学因为别人的不理解和工作的辛苦就放弃了，可是她一直坚持了下来，甚至没落下一次活动。大家说这个志愿服务之星是不是实至名归呀？（是！）来，大家一起听听她的故事。

志愿服务之星：尊敬的老师、家长，亲爱的同学们，大家好！很荣幸能够当选咱班的志愿服务之星。我参加志愿活动已经一年多了，学校组织的迎新活动、美化校园活动、爱心捐赠活动等都让我学到了许多在课堂上学不到的东西，可以说我收获的远比付出的多得多。在活动中，我们互相帮助、互相合作，增强了我的人际交往能力；在解决问题的时候，我学会了遇事绝不轻言放弃，用微笑去面对困难、去传递幸福。除此以外，我还学会了关心别人、信任别人，从而真正地产生"我为人人、人人为我"的自豪感。"星火点燃希望，心火成就梦想"。作为学校志愿者团队中的一分子，我诚挚地邀请大家加入到我们当中来，用课余时间为别人做一点事情，这绝对是双赢的事情！最后我为大家放一段小视频，让大家也感受一下作为志愿者的那份收获和快乐。谢谢大家！（播放短视频，视频展示了志愿队开展的活动和成果。)

（预设：同学们报以经久而热烈的掌声。)

女：听了同学们的发言，我真的是感慨万千：一是感慨我们的同龄人这么成熟，这么有担当；二是感慨视频怎么做得这么好！

（预设：学生大笑，有学生说这是专业特色，课堂气氛活跃。)

男：是呀，他们身上有闪光的东西，那么就请大家好好想一想那是什么？是什么成就了今天的他们？

（同学们热烈讨论、踊跃发言：坚持不懈；乐于助人；有理想，有志向；虽然还是学生就有了社会责任感；自信，正直，敢担当；等等。)

男：同学们说得都很好，他们真是我们学习的好榜样。

女：对，我们学习榜样并不是简单照搬，而是要吸取精华，为己所用。课后，请同学们以小组为单位，制作星光卡，写上他们最值得我们钦佩和学习的地方，贴到星光之墙上，使之成为鞭策我们进步的力量。

三、身边榜样，前进力量

男：俗话说"以人为镜，可以明得失"。我们以榜样为镜，修正自己的行为，才能不断进步、成长。

女：是呀，×××就是我的榜样。那天和她一起走在校园里，她弯腰捡起了地上的一个矿泉水瓶扔到了垃圾箱里。她让我明白了"勿以善小而不为"的道理。×××，我要向你学习！

（同学们鼓掌，情绪高涨。)

男：俗话说"三人行，必有我师焉"，大家身边也一定有这样的人、这样的事，可以让我们获益良多，督促我们修正自己的行为。哪位同学愿意和我们说一说？

（预设：学生积极发言。如有人说：我有一天上课讲话，班长来制止，我不服气，发生了小小的争执，课后班长主动来道歉，说他的态度不好，和我握手言和，让我感到很惭愧。有人说：我和××都负责擦黑板的工作，每当她值日，黑板就擦得及时又干净，包括黑板槽。跟她一比，我觉得我的责任心还不够，我会继续努力。)

男：感谢同学们的分享，让我们感受到身边榜样的力量，给了我们勇于发现自身问题、不断向前的勇气。班会已接近尾声，下面欢迎我们的班主任给我们讲话。

（班主任在同学们的掌声中上场。）

四、总结全课，布置作业

师：首先要感谢各位嘉宾在百忙之中抽出时间来参加我们的颁奖典礼及"向'优'看齐"主题班会。也要感谢我们的班委会、团支部策划并组织了班级的第一次评优颁奖活动。从活动中我看到了大家无限的潜力，并深感集体力量的强大。谢谢同学们。

（老师向同学们鞠躬表达感谢，同学们报以热烈掌声。）

师：今天评选出的"班级之星"，都是我们身边的人，做的也都是小事情。但是他们的一举一动表现出的真诚都是值得我们学习的。

今天的这节班会课，让我们有理由相信，榜样就在我们身边，他们通过努力将自己身上的亮点聚集成了星光，照亮了我们前进的方向。俗话说"金无足赤，人无完人"，在我看来这些不足恰恰是让我们变得更好的机会。只要我们善于反思，向"优"看齐，积极行动起来，就会有更多的班级之星、校园之星。

期中过半，新的征途又开始了，请同学们给自己制定一个新的小目标，改掉一个缺点或养成一个好习惯都可以。大家要制订简要的行动计划，张贴到我们的展示板上。让我们相互激励、监督，神奇的 21 天以后，我们来看成果。谢谢大家！

（预设：全班响起热烈的掌声。）

男：下面我宣布："星耀我班"颁奖典礼暨向"优"看齐主题班会——
合：到此结束！
女：感谢各位嘉宾的光临，再次恭喜获奖的同学们。
男：让我们下次星光大会再相聚！

（在背景音乐《夜空中最亮的星》中结束本课。）

点　评

拟定响亮的课题

这节课的课题很有趣：向"优"看齐。

在确定了主题班会课的选题后，我们需要拟定一个响亮的课题。人们常说，"题好一半文"。好的课题，是教案的眼睛，可以传教案之神采，展教师之智慧。

好课题的特点是准确、新颖、生动形象、上口易记，能给学生以启发，给学生以力量。有老师总结出"借用名言"、"化用歌词"、"反弹琵琶"、"开门见山"、"巧改成语"、"设置悬念"等拟课题的方法。本课用的是"巧改口令"法。

"向右看齐"是队列训练中的口令。沈老师巧改一个字，向"右"看变成向"优"看，生动地点出看的对象；预令到动令，一气呵成，要求明确。

但课题拟得好，还只是开始。这节课沈老师指导学生紧扣课题，通过举行隆重的"星耀我班"颁奖典礼，营造学习先进的良好氛围。通过"榜样不远，就在身边"的交流对话活动，让明星代表和同学分享"优秀养成记"；还以"身边榜样，前进力量"，引导同学以身边的榜样为镜，修正自己的行为，不断进步、成长。整个活动引导全班同学争创先进，体现题旨"向'优'看齐"。

这节课沈老师还积极邀请学校主管部门、年级组老师、班级任课教师、家长等多方代表参加活动，增强号令的合力，给我们很多启发。

好的题目，反映了老师认真深入的思考。研究必须从"头"开始，从题目开始。

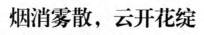

11 烟消雾散，云开花绽

（校园禁烟话题）

辽宁师范大学附属中等职业技术专业学校　于欣彤

设计背景

2014 年，教育部发布了全国各级各类学校有关校园禁烟的通知。通知中明确规定："禁止在中小学幼儿园内吸烟，严格限制在高等学校内吸烟，加强吸烟有害宣传教育，建立禁烟工作长效机制。"加强学校的禁烟控烟工作，对于树立有助于学生健康向上的校园风气和提高师生整体健康水平具有重要意义。

在现实生活中，校园内吸烟现象屡见不鲜，吸烟者的年龄也逐步趋于年轻化，尤其是中职校的学生，吸烟现象近年来越发严重。由于不少中职学生在初中阶段没有养成良好的学习生活习惯，缺乏一定的自控能力，来到中职校之后，对吸烟问题没有给予足够的重视，这使得中职学生的校园吸烟现象格外突出。为了让学生养成良好的行为习惯，为了学生的身体健康，为了营造清新的校园环境和良好的校园文化，开展校园禁烟主题班会很有必要。

教育目标

1. 深刻认识吸烟给自己、他人和环境带来的危害。
2. 关爱自己和他人，积极宣传吸烟的危害，帮助周围的人戒烟。

课前准备

1. 准备彩色卡纸、水彩笔若干。
2. 收集两段有关禁烟的视频。

一、"尼古丁"的魔爪

师：同学们，今天的主题班会是校园禁烟话题。吸烟有害健康的道理，人人都知道。但是具体来说，吸烟究竟对我们的身体有什么危害呢？请大家踊跃发言。

（预设：学生回答，对肺不好；对呼吸道不好；牙齿发黄；肺癌的人几乎都是吸烟的人吧；等等。）

师：好，既然大家说了这么多，那真实情况是不是像大家说的这样呢？下面我们来看一个视频，看完了视频，我相信大家一定会有更深入的了解。（播放视频。内容简介：从医生的视角向大家展示了吸烟者与不吸烟者的肺部照片。吸烟者的肺部是黑褐色，并伴有不均匀的斑点状阴影；而不吸烟者的肺部是新鲜的粉红色，轮廓清晰。）

（学生观看视频。）

（预设：大多数同学会发出惊讶声，并伴有恐慌的表情。但也会有个别男生不以为然，甚至不屑一顾。）

二、"二手烟"的无奈

师：看来咱班有个别同学对自己的健康问题不是很重视，好像有些不屑一顾。人的生命只有一次，生命诚可贵，健康价更高啊！接下来，咱们再来看一段视频。（播放视频。这段视频的内容是一段街头采访，请路人谈谈对二手烟的看法以及自己的亲身经历。）

师：现在咱们也来一次采访。父母吸烟的同学，请举手！（有同学举手；还有同学左右观望，有些犹豫，没有举手。）其实我相信，没举手的同学，家里也有人吸烟，只是你觉得有些不好意思。没关系，大胆举手，大家一起来讨论这个话题。

（预设：吸烟和不吸烟的同学，都有举手的。）

师：在举手的同学中，有的是自己本身就吸烟，而有的是自己不吸烟。

下面请同学说说你们的感受吧。（以下发言的两位同学为老师了解班情后，事先选定。）

学生1（女生）：我爸爸是老烟民了，虽然烟瘾不大，但是每天也得半盒烟。每天晚上吃完饭，我们一家三口坐在客厅里看电视，爸爸都要抽一两支。虽然我每次都劝爸爸，并且爸爸已经在我面前尽力少抽烟了，可我还是受不了，没看多大会儿电视，我就回自己房间上网了。

学生2（男生，有吸烟史）：其实，我也知道吸烟的危害，可还是控制不住。我经常在爷爷奶奶家住，我和爷爷都吸烟，每当我俩吸烟的时候，奶奶总是躲在另一个房间。奶奶曾经也劝过我和爷爷，但时间久了，奶奶也放弃了。可能是奶奶很疼爱我吧，她只是嘴上说说，从来不骂我。但是我和爷爷吸烟，时间久了，也给奶奶造成了伤害。（有些不好意思地笑了。）

师：说得多朴实啊！刚才我们看了两段视频，大家也说了这么多吸烟的危害。总而言之，不管做什么，身体健康是首要的，没有了健康，那就什么都没有了。

（设计意图：本环节是让学生认识到吸烟对于身体的危害，此外，也让大家了解吸烟对周围的人和环境产生哪些危害。）

三、吸烟者的独白

师：现在让我们仔细想一想，对于吸烟这件有害的事情，我们该怎么做呢？咱班男生居多，有些同学在初中的时候，或许因为好奇，或许因为其他原因，开始吸烟。下面，我请一位上个学期因为课间在厕所内吸烟被学校严肃处分的同学来谈谈教训吧。

学生3：上学期，我给咱班抹了黑。老师说得对，我是从初二的时候开始吸烟的。那个时候不爱学习，就跟一些行为不好的同学一起玩。他们告诉我，吸烟可以让我忘了不开心的事，因为好奇，自己开始吸烟。从那以后，我就成了一个"烟民"。冷静下来的时候，自己也觉得很后悔，但是真的还是控制不住自己。

四、老师的告诫

师：我们学校对于学生吸烟问题，一直都是严肃处理的。今天，我特意邀请德育主任参加我们的班会，我们请德育主任给大家讲两句吧。

（预设：学生鼓掌表示欢迎。）

德育主任：吸烟的危害，大家都很清楚。学校不让大家吸烟，当然是为了大家的身体着想，同时也是为了创建一个"无烟"的和谐校园。以后大家毕业了，踏上社会时，一身正气会赢得多少人的称赞啊！相反，吸烟这样的恶习，又会给你的领导带来什么样的印象呢？共创"无烟"校园，需要我们共同努力。吸烟的同学不必多说，必须从自身做起。那么不吸烟的同学，尤其是班干部，你看到有同学吸烟，你们是怎么做的呢？是否会主动前去劝诫呢？是否起到了一个班委的作用了呢？班长同学，在同学吸烟的问题上，你起到了一个班长的作用了吗？

（预设：班长挠挠头。）

师：德育主任说得好，"无烟"校园，要从我们每个人做起。吸烟的同学要痛改前非，不吸烟的同学也有义务共同维护我们整洁的校园。下面，各小组就拿出彩色卡纸，写出你们组认为在学校里应该采取什么样的方法创造"无烟"校园呢？

（预设：各组的观点主要有：1. 同学或室友进行提醒或监督；2. 安排专人，如值周队，志愿者协会等，看管校园的各个责任区；3. 利用班会课、校园广播或黑板报的形式，进行宣传教育；4. 严格执行惩罚制度；等等。）

（设计意图：让吸烟学生说出自己吸烟的危害，也让不吸烟的同学明确自己的责任和义务。）

五、集体的智慧

师：同学们提出的方法都很好，但方法是方法，如果我们不能很好地执行，那么方法和规定都是空谈。刚才各组同学都想出了很好的方法，但这些方法，都是从外部来约束大家。我们都知道，做任何事情，如果自己不想改变，完全依靠外部力量是很难的。下面，我们继续小组讨论，如何从自身的角度来创造"无烟"的环境？

学生4：对于吸烟的同学，我们组认为，当犯烟瘾的时候，可以以喝水或者吃东西的方式干扰。想吸烟的时候，马上喝杯水，或者吃点糖果，或者出去散散步，呼吸一下新鲜空气。有的同学手里习惯拿着烟，那么以后就可以改成手里拿着一支笔，这样还显着有学问。（全班同学大笑。）下课的时候，我们可以一起到操场上做一些课间活动，这样能帮助有烟瘾的同学分散烟瘾的影响。另外，我们也建议老师把吸烟的同学和不吸烟的同学，排在一起做同桌，这样可以起到监督作用。但是，不论使用什么样的方法，吸烟者一定要有毅力和决心，战胜自己，才能戒烟成功。

（预设：同学鼓掌，表示赞成。）

学生5：对于不吸烟的同学来说，我们的任务也很重要。当你身边有吸烟者的时候，你应该主动上前劝诫。尤其是我们身边的人，比如，我们的家人、长辈、同学等。你不仅要跟他们说吸烟的危害，还要跟他们说让别人吸二手烟的严重后果。尤其是公共场合，有孩子在场的时候，我们要让吸烟者有这样的社会责任感，不能只顾自己痛快。

（预设：此时也有掌声，可能更热烈一些。）

师：从大家的掌声中，老师看到大家对两组的观点是很赞成的。那么，其他组还有没有要补充的？

学生6：其实要戒烟也需要一段时间的缓冲。比如，刚开始一天吸五支烟，后来慢慢减少吸烟的数量和次数，一天三支，到最后一天一支，直到完全戒烟。这样的话，吸烟者的心理和身体都会有一个适应过程。

师：这一看就是经验之谈啊！

（预设：全班同学大笑。）

六、成功的借鉴

师：这节课之前，我用微信采访了学校的一位老师。他有着多年的烟龄，但是后来成功戒烟。下面大家听听这位老师的心声吧。（播放录音。）

录音：我吸烟已经十多年，自从有了女儿后，就下定决心要戒烟。戒烟的过程很痛苦，但只要有恒心，任何困难也都是可以战胜的。我当时买了很多小零食和含片，每当想要抽烟的时候，就吃点小零食或含一片含片，这样就不会很想抽烟了。坚持了将近一个月，吸烟的欲望明显降低。吃完晚饭之后，我出去运动，走路或跑步都可以，目的是用其他的事情抑制自己的烟瘾。其实烟瘾也并没有那么可怕，而且自己戒烟是为了女儿，所以动力十足。所以，只要你有强大的动力和明确的目标，并坚持下去，戒烟其实并不难。

（预设：学生报以热烈掌声。）

师：对于校园禁烟，刚才我们提到了吸烟同学和不吸烟同学都应该怎么做。那大家再仔细思考一下，还有没有其他更好的方法了呢？

（预设：学生回答，可以试试电子烟啊，不过就是有点贵；应该下狠心，扔掉吸烟者的烟、烟盒、打火机等吸烟用具；采用循序渐进的方式，不能一棒子打死，要不然，戒烟是特别容易失败的；想戒烟的人，可以收集一些烟头或者烟灰，放在塑料袋里，每当想要吸烟的时候，就拿出来闻一闻，这样，就可以"望烟止渴"；等等。）

师：刚才大家说了这么多方法，有的方法真的很好，比如，循序渐进戒烟法，转移注意力戒烟法等，都值得每一个戒烟者尝试。只要方法是合理的，并且是切实可行的，就应该大力推广。就好比做数学题，方法并不是唯一的，只要能够做对题，都是值得学习和借鉴的。好了，我们说了这么多，下面，大家拿出心形的彩色卡纸，不管你是否吸烟，都写一下你对创建"无烟"校园的决心和做法。下课以后，我们把大家的彩色卡纸收上来，粘贴到教室文化墙上，让大家时刻记住今天写下的决心。

（设计意图：提供方法，帮助吸烟学生彻底戒烟，创建"无烟"校园。）

七、美好的明天

师：同学们，5月31日是"世界无烟日"。在"世界无烟日"前夕，我们召开了关于校园禁烟的主题班会，相信你们对禁烟有了更多的了解。禁烟是当今世界不变的潮流和主题，是现代文明社会开展的积极行动。通过今天的班会，我们发现，其实不仅仅是戒烟，做任何事情，都要有健康的身体，在外部和内部条件的共同作用下，只要我们下定决心，做任何事情都会成功。

老师希望大家能在今天的班会中有所获益。我们希望，打开窗，走出门的时候，我们每一个人都可以看到"烟消雾散，云开花绽"的美好明天。

（设计意图：升华班会主题，让学生从班会中获得教育意义，共同走向美好的明天。）

班会课应明确教育目标

班会课应有明确的教育目标。教育目标怎样制定呢？在实践中，可以选用以下三种写法：

1. 知识目标、情感目标、行为目标。

首先是知识目标，通过班会课，学生获得了哪些知识，是班主任首先要关注的问题，这是由学校学习的特点所决定的。其次是情感目标，即通过班会课，学生获得怎样的情感体验。最后是行为目标，即通过班会课，学生的行为会有哪些改变和提升（其中包括能力的提高）。

2. 知识与能力目标，过程与方法目标，情感、态度与价值观目标。

教育目标的另一种写法是，将目标分为知识与能力目标，过程与方法目标，情感、态度与价值观目标。这一写法更多地用于主题教育课式的主题班会课。

3. 数字1、2、3。

有些班主任喜欢用数字来表示，比如1、2、3。但所列项不要太多，一般2～3个。做到目标集中、明确，便于操作，利于实现。

列数字时，因为没有限定语，目标之间可能有交叉。因此，班主任拟目标时，要避免交叉。

在制定教育目标时，关键要用好动词。同时要注意目标的适切度，可操作性，力求"小"、"实"、"可达成"。本课在教育目标的制定上就做到了这一点。

现在有老师上班会课时，开始就让全班同学一起朗读本课目标，进入"亮标"环节。我不赞同这样的做法。著名教育家马卡连柯曾说："在开展活动的时候，教育的意图愈隐蔽，教育的效果愈好。"就是要寓教育于活动之中。上班会课时，我们没有必要直白地告诉学生我们的教育意图是什么，要达成什么目标，而是让学生在教育活动中体验、交流、感悟，在过程中水到渠成地达成目标。同时我想补充的是，班主任在设计班会课的时候，教育的目标愈清楚，教育的效果愈好。班主任要思考本课要通过哪些环节、哪些途径，来达成我们的教育目标。

这里顺带说明一下，有些老师将"教育目标"称之为"教学目标"、"教学目的"。我认为因为班会课有别于文化课，所以提"教育目标"为好；至于"目的"与"目标"的区别，一般认为，目的比较抽象，是某种行为活动的普遍性的、统一性的、终极性的宗旨或方针，目标则比较具体，是某种行为活动的特殊性的、个别化的、阶段性的追求。某一行为活动目的的最终实现有赖于许多具体的行为活动目标的实现。所以称"目标"为妥。

至于主题活动式的主题班会，有老师将教育目标称之为"活动目标"，我认为是可以的。

谨慎！这个成本太高了

（青春期恋爱话题）

山西省平遥现代工程技术学校　闫聪慧

设计背景

古罗马著名戏剧家普劳图斯说过：适当地用理智控制住爱情，有利无弊，发疯似的滥施爱情，有弊无利。

进入中职校，青春期的孩子有的也走进了初恋的季节。现在的学生，物质大多不匮乏，但是因为社会、家庭、学校造成的学习压力，使他们容易疲惫与孤独。而我们的教育把更多的注意力放在了阻止问题的侵袭上，而忽略了教育学生如何面对问题的发生，将伤害降到最低。以常见的男女生恋爱来说，学生们不觉得他们现在的男女生相处中有需要调控的"青春期恋爱"。在他们眼里，他们的爱比成人更纯洁，可以爱得更为"惊天动地"。然而，由于心智发育、生活阅历、经济能力等诸多因素，伤害往往就在他们走过"初恋的季节"后发生了。为什么呢？因为很多的潜在问题，让现在的他们并未意识到早恋的成本如此之高。

教育目标

1.通过成本计算和案例分析，引导学生理智处理情感。
2.通过师生对话和嘉宾寄语，引导学生正确对待青春期恋爱。

课前准备

1.搜索并剪辑视频《苦涩的年华》。
2.准备朗诵的背景音乐。

3. 拍摄采访视频。

4. 邀请到场嘉宾，并商定发言重点。

5. 制作课件。

一、对话聊天，直奔主题

师：说起恋爱，大多数同学觉得很羞涩，但老师认为青春期男女生有好感是很正常的。有的同学只是喜欢某同学的可爱、勇敢、阳光，这种充其量只能算欣赏。有的同学，可能真的是恋爱了。我们最近一直在学习成本的计算，今天就利用咱们学的知识算算大家感兴趣的事物的成本，比如说恋爱成本。说到恋爱，我们先作个采访。这位同学，你谈过恋爱吗？

（预设：学生回答，没有！）

师：没有啊，哈哈，那如果你谈一场恋爱，你觉得会有哪些成本出现？

（预设：学生回答，吃饭，看电影……）

师：后面那位同学，你觉得呢？

（预设：学生回答，过节买礼物，出去玩……）

师：下面跟随我们班的小记者，看看别的班的同学、家长和老师对恋爱成本有什么看法？我们来观看视频。（播放视频。视频简介：视频是由班级小记者拍摄的，采访对象为学生、家长和老师，采访中提及的问题都是围绕恋爱，学生们大都不好意思说自己恋爱了，但都认为恋爱有成本，在恋爱中男生花费会多点，而女生受伤的会多点；家长基本听之色变，不同意自己的孩子恋爱，觉得孩子还小，会耽误学习，影响考大学；老师们还是希望学生把精力放在学习上，毕竟考上好大学，有了好未来，也不愁找对象。）

二、计算成本，恋爱价"高"

师：视频中所有的人都认为恋爱有成本，而且成本还比较高，我们可以把刚才说的这些成本用会计专业知识归类。比如跟人家谈一场恋爱得付出真感情，要专一，三心二意既伤害了别人，也被其他人唾弃，这是情感成本；

隔三差五得陪着出去吃饭，看电影，下了课还得陪着去买吃的，这是时耗成本和金钱成本；有的时候吵架了，上课也学不进去，还得想着怎么哄人家，这是学业成本和心耗成本；被你妈发现，你妈集合全家人说你，做你思想工作，断你生活费，这是亲情成本；更有的人为了谈恋爱，大打出手，搭上自己的健康成本……（边说边往黑板上写"恋爱成本＝情感成本＋时耗成本＋金钱成本＋学业成本＋心耗成本＋亲情成本＋健康成本……"）

师：大家觉得成本高不高？

（预设：学生回答，高！）

师：大家有没有想过会这么高？

（预设：学生笑而不语或回答"没有"。）

三、再算成本，失恋"更高"

师：接下来咱们再来看，中学生的恋爱就一定能长久吗？

（预设：学生回答，不一定。）

师：那万一失恋了怎么办？面对曾经跟自己山盟海誓的人现在跟别人谈得火热，你心里什么感受？下面让我们来观看视频《苦涩的年华》。（播放视频《苦涩的年华》。视频简介：小亮与晶晶是中职校同学，情窦初开的年纪，让他们的恋情发展迅速，但是纸终究是包不住火的，碍于压力，小亮跟晶晶提出了分手，但分手后的晶晶却发现小亮跟本校的一名女生谈起了恋爱，晶晶把对小亮的喜欢化成了仇恨，在跟小亮多次谈话无果的情况下，晶晶终于选择了复仇。）

师：十七八岁，本是人生中最瑰丽、最灿烂的年纪，小亮却再也不能感受美好的青春，他的面部被严重烧伤，双目失明，花样年华时上演了一场以悲剧收尾的早恋。等待晶晶的更是法律的惩罚。这对于两个家庭来说，无疑是巨大的伤害和打击。有些学生可能心里会想，我失恋了才不会这样呢！那老师想问，你失恋了会怎么样？若无其事？不可能！我们的心智难以承受这样的打击。所以说失恋对于一个学生来说，成本是非常高的。

四、特邀嘉宾，真情寄语

师：总有一段文字，影响生命的成长；总有一个人，在生命中留下抹不去的痕迹。今天我们请到四位嘉宾，他们都是有血有肉有情感的人，他们也曾经认为自己遇到了纯真的恋爱。他们有很多想法想跟大家交流，下面我们有请第一位嘉宾，亲爱的家长朋友 × 阿姨，大家掌声欢迎！（学生鼓掌欢迎。）

师：阿姨好，感谢您今天能来。

（预设：家长嘉宾回答，感谢你们给我这次机会。）

师：阿姨，您早恋过吗？

（预设：家长嘉宾回答，有吧，但是刚有苗头，怕老师家长发现，就不了了之了，我们那时候很"忌讳"这个。）

师：那如果您的孩子现在恋爱了，您什么态度？

（预设：家长嘉宾回答，他之前就没有好好学习，错过了上普通高中的机会，自己也很后悔。我现在希望他能在中职校学得一技之长，最好还能考上大学，有了好的前途，拿到好工资，不愁找不到合适的。）

师：阿姨，那您有什么想跟同学们分享的吗？

（预设：家长嘉宾回答，我要分享一个故事给我的儿子和大家。）

家长嘉宾：这是一个发人深省的故事：

儿子上学不久后问父亲："爸爸，为什么要上学呢？"

父亲："儿子，你知道吧？一棵小树长 1 年的话，只能用来做篱笆，或当柴烧。10 年的树可以做檩条。20 年的树用处就大了，可以做梁，可以做柱子，可以做家具……

一个小孩子如果不上学，他 7 岁就可以放羊，长大了，能放一大群羊，但他除了放羊，基本干不了别的。

如果上 6 年学，小学毕业，在农村他可以用一些新技术种地，在城市可以到建筑工地打工，做保安，也可以当个小商小贩，小学的知识够用了。

如果上 9 年学，初中毕业，他就可以学习一些机械的操作了。

如果上 12 年学，高中毕业，他就可以学习很多机械的修理了。

如果大学毕业，他就可以设计高楼大厦、铁路桥梁了。

如果他硕士、博士毕业，他就可能发明创造出一些我们原来没有的东西。

知道了吗？"

儿子："知道了。"

孩子，我要求你用功读书，是想让你获得基本的求生本领。现在这个社会，技能是求生之本，有了一技之长，才能找到好的工作，才能有好的发展前景。孩子，花若盛开，蝴蝶自来，你若精彩，天自安排！谢谢大家！

师：谢谢阿姨精彩的演讲，真的让我们回味无穷，花若盛开，蝴蝶自来，你若精彩，天自安排。下面我们请到的第二位嘉宾，是大家熟识的，相信大家已经知道是谁了吧？有请班长！

（预设：班长回答，大家好！同学们鼓掌欢迎。）

师：跟颜值高的帅哥站在一起，真的好有压力。哈哈，我听说追你的人不少啊，有什么想跟大家分享的？

（预设：班长回答，我把网上一位老师写的段子送给大家，希望对大家有所启发！）

同学嘉宾：这个段子是这样的：

你可以喜欢王滨的可爱，但请不要喜欢可爱的王滨；你可以喜欢周晓的古怪精灵，但请不要喜欢古怪精灵的周晓；你可以喜欢某个女生的人淡如菊、热情似火，但请你不要喜欢人淡如菊、热情似火的某个女生。你可以喜欢一切美好的品性，在这些喜欢中，不断修正完善你找老婆的标准，但请不要让别人的青春为你的不理智买单。请珍惜给你发好人卡的女生，因为她懂得尊重感情，尊重自己也尊重你。

之所以说不理智，因为爱情，它就像一棵小树，它的成长需要阳光、雨露、肥沃的土壤和精心的呵护。而这些，身为中职生的我们根本给不起。因为它的经济基础不是金钱，而是时间和精力。如果你是一个有责任感的人，不用我说，你也知道，中学六年你的时间和精力应该投资到哪里，就算你已经有十足的把握进入心仪的大学，找到好的工作，你能确保你不会影响到对方的人生轨迹？你能确保，你给她的就是她想要的人生？

我对爱的理解就是，爱一定要促进彼此的成长，要让彼此比想象的更优秀。如果因为你的这份"爱"，使两个人不能在合适的时间全力以赴做合适的事情，而遗憾地错过了人生应有的精彩，那就是对爱的亵渎。请你收回这份假冒伪劣的爱。谢谢大家！

师：谢谢我们的班长跟大家分享他的想法。中职校三年我们到底应该把时间和精力投资在哪里？值得大家深思。下面有请咱们的才女老师来跟我们聊聊。大家欢迎。

（预设：学生鼓掌。）

师：老师，您有什么要跟孩子们嘱咐的？

教师嘉宾：曾经有学生开玩笑地跟我说过，老师，房子车子票子，我父母都给我准备好了，我现在就缺一媳妇。我告诉他，你缺的不是媳妇，是脑子。

一个真正有质量的姑娘，不会因为你父母的慷慨跟你走，因为吃人家的嘴短，拿人家的手短，不是两个人奋斗所得，低眉顺眼的小媳妇不好当；如果她就是冲这些东西去的，那就更没有跟你混的必要了，她完全可以直接奔你的父辈去了。什么都有了，比什么都没有更可怕，父母给了你一个更高的平台，实际上是加大了你奋斗的难度，你需要付出更多的努力，作出更多的成绩，才能让事情有你自己的标签，这比白手起家难多了，你应该比一般人更有危机感才对，还好意思拿父母的成就在这里得瑟？还不赶紧闭嘴收声，加倍努力！

曾经在一个教室里一同长大的兄弟，几年不到就有了天壤之别，你甘心吗？想想你的初中、小学同学，一定有你感觉奋力追赶也很难追上的人，也一定有拼尽全力也追不上你的人，大学，会将这种差距变成人生质的差别。所以，再怎么努力也不为过。所以，同学们，你还舍得将时间和精力浪费掉吗？谢谢大家！

师：谢谢我们的才女老师，我相信大家真的不想把时间和精力浪费掉！青春期恋爱的男孩女孩有时被爱冲昏头，甚至早早发生性行为，认为这才是真爱。有专家指出，少男少女的青春期恋爱一定要把好三道"防火墙"：第一道"防火墙"，洁身自爱，不发生性关系，因为你们现在的心理、经济、经历等方面均不成熟，无法承受过早性关系带来的后果；第二道"防火墙"，万一有学生"翻墙而过"，一定要紧急避孕；第三道"防火墙"，如果怀孕了怎么办呢？赶紧终止，越早越好！

之前咱们一直说恋爱成本很高，希望大家不要在没有准备好的时候恋爱，但万一深陷爱河，怎么办呢？希望大家记住那三道"防火墙"，真正守护好自己青春期的恋爱，因为一而再、再而三的突破，成本价更高啊！

五、总结全课，送上祝福

师：时间过得好快！我相信每位同学都在这节课上收获了很多，也有了许多想法，愿大家利用好这三年的时间和精力，愿我们成为更好、更优秀的人！

"正义又强健，学成名俱扬"，是很多男生梦寐以求的人生。但我想问一句，当她长发及腰，你是否已有了承担责任的能力？如果你还没有作好准备，还没有足够的实力，请离爱情远点，请保持一个光棍的节操。

"顾盼又生辉，雕车香满路"，是很多女生希冀盼望的生活。我还想问一句，当他事业腾达，你是否已有了独当一面的能力？如果你还没有作好准备，还没有升华自己的气质，请离爱情远点，请还岁月一段静好。

希望大家中职校毕业后，到了高职、大学或到了工作岗位，一定要抓紧时光，谈一场刻骨铭心、轰轰烈烈、感天动地的恋爱，找寻到你心爱的另一半！

点　评

结合专业特点

中职校和普通高中有一个显著的不同，就是学生是有专业选择的。结合专业特点开展教育，应是中职校班主任工作的特点和亮点。本课就是一例。

本课的学生是会计专业的，要学习"成本的计算"。于是，闫老师巧借成本计算，为学生算了一笔在中职校阶段谈恋爱的成本账，看，"跟人家谈一场恋爱得付出真感情，要专一，三心二意既伤害了别人，也被其他人唾弃，这是情感成本；隔三差五得陪着出去吃饭，看电影，下了课还得陪着去买吃的，这是时耗成本和金钱成本；有的时候吵架了，上课也学不进去，还得想着怎么哄人家，这是学业成本和心耗成本；被你妈发现，你妈集合全家人说你，做你思想工作，断你生活费，这是亲情成本；更有的人为了谈恋爱，大打出手，搭上自己的健康成本……"边算边写，老师罗列出"恋爱成本＝情感成本＋时耗成本＋金钱成本＋学业成本＋心耗成本＋亲情成本＋健康成本……"，然后问大家成本高不高，这一系列明明白白的账目，让同学们心悦诚服地说"高"！

然而闫老师没有就此打住，而是进一步算起了失恋账。万一失恋了怎么办？面对曾经跟自己山盟海誓的人现在跟别人谈得火热，你心里什么感受？以《苦涩的年华》中小亮的早恋为例，计算了两个年轻人、两个家庭受到的巨大伤害和打击。并追问，你失恋了会怎么样？若无其事？不可能！我们的心智难以承受这样的打击。

　　一算成本，早恋价本"高"，再算成本，失恋价"更高"。闫老师还让家长、同学、任课老师"火力齐开"，与同学们好好算了一笔成长账。

　　但我们不反对恋爱，只是不提倡在中职校阶段过早地沉迷于爱情。因此本课的结尾，闫老师热情寄语：希望大家中职校毕业后，到了高职、大学或到了工作岗位，一定要抓紧时光，谈一场刻骨铭心、轰轰烈烈、感天动地的恋爱，找寻到你心爱的另一半！

　　这才是务实又高明的算账啊。

13 最美夕阳红
（尊老敬老话题）

辽宁省大连交通技师学院 李双钰

辽宁省大连交通技师学院 李双钰

设计背景

　　尊老、敬老是我国优良的传统美德，是先辈传承下来的宝贵的精神财富。孟子倡导"老吾老以及人之老，幼吾幼以及人之幼"。要求人们不仅要孝敬自己家中的老人，还要孝敬社会上所有的老人。习近平总书记多次强调尊老是中华民族的优良传统，他指出世世代代的劳动人民，始终把尊老奉为立身处世的大德，要求青年学子传承和弘扬这一优良传统。

　　大多数中职学生都娇生惯养，几乎不会关心老人，不善于与老人相处。如何尊重家中老人，如何尊重社会上的老人，他们都需要加强学习，需要在实践中成长。

教育目标

　　1. 使学生进一步认识尊老敬老是中华民族的传统美德，人类文明正是靠一代又一代人薪火相传，才得以延续、发展和壮大。

　　2. 使学生认识尊老敬老是我们青年一代的责任和使命。尊老敬老不能停留在口头上，要落实在行动中，要积极开展有意义的尊老敬老活动。

课前准备

　　1. 指导学生搜集尊老敬老的历史故事，并采集家庭敬老爱老的故事和影像资料。

　　2. 各组准备尊老敬老故事的课件，并推选出代表准备演讲汇报。

3.班主任秘密行动，周末联系各家老人录制视频，说出对小辈们的祝福，并在此基础上编辑视频。

4.制作课件。

一、猜谜导入

师：班会伊始，让我们来猜一个谜语，希腊神话中的狮身人面怪兽斯芬克斯曾盘踞在道路上，问过路的行人一个谜语。这个谜语难住了不少人。谜题是："早晨用四条腿走路，中午用两条腿走路，傍晚用三条腿走路。"谜底打一种动物，同学们能猜出来吗？

（预设：学生积极抢答，估计能答出，那就是"人"。）

师：同学们很厉害，猜到了，这个谜语的谜底就是人。传说这个谜题被年轻的希腊人俄狄浦斯答对后，斯芬克斯因此自杀。原来，我们人类幼儿时是爬着走的，手脚并用，人们戏称四条腿走路；后来长大了，学会走路，便是两条腿走路；到了老年，身体衰弱，便会拄着拐杖走路，拐杖就成了"第三条腿"，就成了三条腿走路了。"早晨"、"中午"、"傍晚"，象征着人生的不同阶段。

光阴似箭，日月如梭，十年媳妇十年婆，再熬十年成太婆。很多人，就这样在一日日一年年的奔波劳碌中老去。很多老人，辛苦了一辈子，只希望有一个安乐的晚年。可是有些家庭不孝敬老人，甚至遗弃老人，把老人当作包袱推来推去。这与中华民族尊老敬老的传统美德背道而驰，是一种违法行为。

二、老人是社会的财富

1.我们已进入银发社会。

师：据调查，截至 2016 年年底，中国 60 岁以上人口接近 2.3 亿，已占总人口的 1/6。"十三五"期间（2016—2020 年），中国 60 岁及以上老年人口平均每年约增加 640 万，到 2020 年将达到 2.55 亿左右，约占总人口的

17.8%。

专家预测，2030 年，中国 60 岁以上的人口比例将超过 1/4；在 2050 年前后达到顶峰，约占总人口的 1/3。

中国目前平均 2.8 个劳动力抚养 1 位老年人；到 2050 年，将只有 1.3 个劳动力抚养 1 位老年人。

也就是说，人口老龄化是我国现阶段面临的一个严重问题。那么对于这种发展趋势，我们该如何应对呢？这需要我们更加重视老年人，营造全社会尊老敬老的良好风尚。

2. 老人对社会发展有重要作用。

师：不要小觑老人的能力与作用，许多老人把青春奉献给了社会，老了仍然奉献社会，继续发光发热，做对社会有用的人。"春蚕到死丝方尽，蜡炬成灰泪始干"是许多老人辛劳一生的写照。接下来我们来分享几个小故事，感受古今中外，老人对社会发展的作用吧。

下面请我们课前作了准备的两名同学进行故事分享，首先请 ××× 同学。（××× 同学上。）

××× 同学：我给大家讲述姜子牙的故事。

姜子牙就是民间常说的姜太公。"姜太公钓鱼，愿者上钩。"

太公姓姜名尚，是辅佐周文王、周武王灭商的功臣。他在没有得到文王重用的时候，隐居在陕西渭水边。那里是周族领袖姬昌（即周文王）统治的地区，他希望能引起姬昌的注意，从而有机会建立功业。

他常在溪旁钓鱼。一般人钓鱼，都用弯钩，上面装有饵食，然后把它沉在水里，诱骗鱼儿上钩。但太公的钓钩是直的，上面不挂鱼饵，并且离水面三尺高。他一边高高举起钓竿，一边自言自语道："不想活的鱼儿呀，你们愿意的话，就自己上钩吧！"

一天，有个打柴的来到溪边，见太公如此钓鱼，便对他说："像你这样钓鱼，再钓 100 年也钓不到一条鱼的！"太公举了举钓竿，说："对你说实话吧！我不是为了钓到鱼，而是为了钓到王与侯！"

姜子牙 72 岁时，终于得到了周文王的重用。他为周文王、周武王出谋划策，为兴周灭商作出了卓越贡献，使周朝走向繁荣兴盛。相传他终年 139 岁。这是历史长河中一位杰出老人对社会发展作出的重要贡献。

师：感谢 ××× 同学的生动讲述。我们再欢迎 ××× 同学讲述当代的不老传说。

（×××同学上。）

×××同学：我给大家讲一个当代老医生的故事。

张继泽是南京中医药大学附属医院的主任医师，今年已91岁高龄。

张继泽出生在中医世家，自1945年正式研习中医以来，一直以弘扬中医学为己任，长期坚持临床实践，曾荣获"江苏省名中医"称号。

80岁高龄后，虽然每天门诊限号20人，但他对远道而来、慕名求治者仍不推拒，虽然因加号不得不推迟下班时间，但张继泽从无怨言。

由于他潜心研究，最终在萎缩性胃炎、慢性结肠炎治疗上独树一帜，深受好评。

张继泽活到老，学到老，到了老年依然宝刀未老，坚持教学，坚持门诊，热心为百姓服务。

师：听了两位同学讲的故事，可以说从古至今，许多老人都在与岁月赛跑。我想起了2016年有趣的美国总统选举。这一年，1946年6月14日出生的唐纳德·特朗普（Donald John Trump）与1947年10月26日出生的希拉里·克林顿（Hillary Diane Rodham Clinton）竞选美国总统。两位老人下基层，上电视，作演讲，作辩论，焕发出旺盛的生命力。

其实走进美国，走进日本，走进我国的城乡大地，你会惊讶地发现，由于健康状况的改善，特别是人生观的改变，许多老人活跃在工作的第一线。老年司机、老年服务人员、老年医生、老年科学家，比比皆是。老人还是可以大有作为的。而在许多家庭，"家有一老，如有一宝"。老人是家庭和社会的宝贵财富。

三、传统重阳节，敬老成新曲

师：同学们，听了老年人奉献社会的故事，大家可知道我们国家有一个专为敬老爱老设定的节日吗？它是每年的哪一天呢？

（预设：学生回答，重阳节，九月九日。）

师：同学们回答得很好，九月九日，是我国的传统节日"重阳节"。1989年起，国家决定将重阳节（每年的九月九日）定为老人节，赋予它新的含义，倡导全社会树立尊老、敬老、爱老、助老的风气。

有这样一个故事：93岁的蹬三轮老人白芳礼静静地走了。这位老人在74岁以后，靠着一脚一脚地蹬三轮，挣下35万元人民币，资助了300多名贫困学生。而每一个走近他的人都惊讶地发现，他的生活非常清贫，他的私有财产账单上是零。

多么感人的故事！多么可敬的老人！许多老年人曾经为社会作出过很大的贡献，他们有着丰富的经验，有着吃苦耐劳的精神，他们就是社会的宝贵财富。

四、今我来思，如何敬老爱老

师：不过当下的尊老敬老，也出现了一些问题。比如曾流行一个问题：老人倒地扶不扶？这个问题的出现很复杂。但毫无疑义，这是我们的社会风气出了问题。出了问题，需要我们来改变，需要我们共同建设。

现在请同学们思考情景思辨题一（出示课件）：

情景思辨题一：小王本来很喜欢爷爷奶奶。但近年来，他感到爷爷越来越啰唆，奶奶也是颠三倒四地说事。他该怎么办？

（预设：学生回答，之前出现这样的问题我也很不耐烦，但是现在我改正了，因为我想起牙牙学语时，爷爷奶奶耐心教我，想起儿时学步时，爷爷奶奶拉着我的小手教我走路。我也会老的，将心比心，善待老人很重要；我还做得不好，回去要改；等等。）

师：是啊，同学们说得非常好。龙应台曾写道："我慢慢地、慢慢地了解到，所谓父女母子一场，只不过意味着，你和他的缘分就是今生今世不断地目送他的背影渐行渐远。"孩子们，我们的人生何尝不是如此呢？用我们现有的时间，去爱我们的亲人，别让这目送越走越远，别让这爱越走越淡，更不要让我们的人生留下那"今已亭亭如盖矣"的遗憾。

现在请同学们思考情景思辨题二（出示课件）：

情景思辨题二：某中职校到敬老院开展慰问活动。当同学们带上水果、食品去慰问时，小王发现老人们还是有点落寞。你怎样看待这一现象，有什么好的建议？

（预设：学生回答，敬老院的老人比较孤独，他们可能更需要的是精神的慰藉和温暖的陪伴；开展敬老公益活动，不能只是学雷锋时才想到，不能只在重阳节时才开展，应该常态化、制度化；对待老人我们应该一视同仁；等等。）

师：同学们对如何慰问敬老院老人进行了很好的交流，那么面对社会上个别老人倚老卖老、不让公交座位就打人，或者是碰瓷的情况，我们如何看待呢？现在请同学们思考情景思辨题三（出示课件）：

情景思辨题三：有报道称，碰瓷现象近年多发，有些老人倚老卖老，讹人钱财，使社会变得畸形，以至于真有老人被撞倒，人们都不敢去扶一把。对于这一现象，你如何看待，又该怎么解决呢？

（预设：学生回答，遇到老人摔倒，在帮助老人的同时，我们也要保护好自己；在遇到老人摔倒的突发情况时，可以首选报警；要相信社会上还是好人多；等等。）

师：遇到突发事件时，我们也要积极应对，不能被社会上一些负面新闻所影响，从而事不关己，高高挂起。但我们也要学会保护自己。救护老人，大家可以一起动手，当然要多听听医护人员的指导。

老年是一个人人生的最后阶段，应该得到子女、家庭和社会的尊重。再说我们也有老的时候。为老人洗一次脚，捶一次背，梳一次头，做一顿饭，唱一首歌都是做儿女最大的孝道。只要我们用"心"去做，老人们一定会很欣慰的。

五、聆听老人的心声

师：同学们，班会课接近尾声，接下来我将为大家播放一段视频，请大家认真观看。

（播放事先准备好的由家长录制的视频。视频的内容是爷爷、奶奶或外公、外婆等老人对学生的热情寄语。）

（预设：同学们非常惊讶，认真观看视频，寻找自己家人的身影。视频播放结束后，全班响起热烈且发自内心的掌声。）

师：没想到吧？我们能在这里看到家中的长辈，这是长辈们送给我们最好的礼物。收到这样的鼓励，我们的心里暖暖的。老师相信有了这份鼓励，我们的未来会越来越好！孩子们，加油！

六、成长路上，一路有你

师：同学们，你们在成长，我们在老去，但请你们记住：你们也有老的一天，让我们传承尊老敬老的中华传统美德，营造尊老敬老风尚，让中华美德代代相传！

点　评

重视情景思辨题的设计

班主任要上好主题班会课，应重视情景思辨题的设计。班主任可以以文字、图片、图文结合题、录像等形式，巧设情景，通过对特定情景的判断、处理，甚至辩论，来检测、提升学生的认知水准。

这节课的情景思辨题设计可以给我们不少启发：

1. 情景思辨题的话题要贴近生活。这三道题目为"小王本来很喜欢爷爷奶奶。但近年来，他感到爷爷越来越啰唆，奶奶也是颠三倒四地说事。他该怎么办？""某中职校到敬老院开展慰问活动。当同学们带上水果、食品去慰问时，小王发现老人们还是有点落寞。你怎样看待这一现象，有什么好的建议？""有报道称，碰瓷现象近年多发，有些老人倚老卖老，讹人钱财，使社会变得畸形，以至于真有老人被撞倒，人们都不敢去扶一把。对于这一现象，你如何看待，又该怎么解决呢？"，这样的话题在生活中是常见的，贴近生活的，能让学生有话可说。交流讨论有助于提高认识，促进大家落实到行动中去。

2. 情景思辨题的话题应各有侧重。这三道题目分别反映了家中的尊老（爷孙关系）、敬老院的尊老、社会上复杂情况下的尊老等不同话题。由此讨论，可以引申出人际交往、活动实效、社会风气等大话题。小中见大，各有侧重，举一反三，说明教者选题前进行了认真的思考。

3. 情景思辨题的话题需有助于学生发展。这三道题目由浅入深，紧扣"如何尊老"，有助于开拓学生的思路。家庭中爷孙关系，比较好判定，好解决。敬老院的敬老活动如何走进老人的内心，有难度，有提升。而如何在老人碰瓷等复杂社会背景下，引导学生正确行动则是尊老活动进一步发展的要求。这三道题目的场景主体从"家庭中的我"到"社会中的我"，场景矛盾从"个体间"到"群体间"，场景解决目的从"平息矛盾"到"传递正能量"，层层递进，不断深入。三个问题均具有代入感，有利于学生认真思考，有利于对学生进行行动引导。

　　如何设置情景思辨题来检验、促进学生认知的提升，李老师设计的情景思辨题给我们提供了参照。

14 让手机成为学习的翅膀
（如何用好手机话题）

山西省平遥现代工程技术学校　梁　艳

设计背景

　　2015 年李克强总理在政府工作报告中提出要制定"互联网＋"行动计划，推动移动互联网、云计算、大数据、物联网等与现代制造业的结合。随着"互联网＋"时代的到来，互联网＋教育也会深入我们的学习生活中，手机让互联网移动了起来。

　　手机已经进入中职校学生的生活多年，手机给我们的学习生活带来方便的同时，也带来很多弊端，有些学生不能正确使用手机，沉迷于手机无法自拔，沉迷游戏，滥交网友，荒废了学业，影响了身心健康。我们必须引导学生正确使用手机。

教育目标

　　1.让学生认识到滥用手机的危害。

　　2.让学生认识到正确使用手机好处多多。

　　3.指导学生养成正确使用手机的习惯，让手机给他们的学习插上翅膀。

课前准备

　　1.课前召开班干部会议，了解学生使用手机的情况。

　　2.布置辩论题目，正方观点"中职学生使用手机利大于弊"，反方观点"中职学生使用手机弊大于利"，指导学生收集论据。同时选一位主持人。

　　3.课前把课桌排列成相对的两列，让双方处于对垒的感觉。中间摆设主持人的位置。

4. 制作课件。

一、观看视频，导入课题

师：同学们，老师先请大家观看一个关于苹果手机的小视频。（播放视频。视频简介：苹果 iPhone 手机的发展历程。）

（学生观看视频。）

师：同学们，刚刚看完视频，你们有什么想法？大家是不是觉得高科技，尤其是手机给我们的生活带来了很多便利。但是，如果不正确使用手机，会怎么样呢？

（预设：学生回答，会影响我们的学业，会毁了我们的前程，等等。）

师：同学们回答得很有道理，今天就让我们召开一次主题班会，一起讨论手机的利与弊，讨论如何正确使用手机，让手机成为我们学习生活的好帮手。

二、开展辩论，讨论手机的利与弊

师：同学们，根据我们课前的布置，大家都准备好了吧？

（预设：学生回答，准备好了。）

师：让我们邀请主持人上场。

主持人：同学们，现在我们分成正反方进行辩论。正方观点"中职学生使用手机利大于弊"，反方观点"中职学生使用手机弊大于利"，每方 4 人。欢迎同学们积极参加。现在有请持正方观点的 4 位同学入席。

（主持人根据学生举手的情况，邀请持正方观点的同学入席。）

主持人：现在有请持反方观点的同学入席。

（主持人根据学生举手的情况，邀请持反方观点的同学入席。）

主持人：现在请正反两方交替陈述双方观点。

（正反两方辩论。正方观点可能有：手机的使用给我们的生活带来了极大的便利，学习、生活、购物、交易都离不开手机；手机给我们带来了便捷的信息，我们已经离不开手机；互联网＋的时代，离开了手机就像离开了空气一样。总之，手机利大于弊。反方观点可能有：有些同学上课玩手机，走神，不听讲；有些同学沉迷于手机，学习成绩不断下降；有些同学喜欢玩手机游戏，经常升级，多花钱；有些同学用手机聊天，谈朋友，严重影响了身心健康。所以说手机弊大于利，我们应该远离手机。）

主持人：刚刚正反两方陈述了他们的观点，现在双方展开自由辩论，可针对对方的观点展开辩论。

（正反两方都针对对方观点展开辩论，辩论激烈而有序。）

主持人：同学们，我们已经进行了激烈的辩论。现在双方辩友各执一词，谁也说服不了对方。其实，手机既有利也有弊，关键看你如何用。用得好，手机就是白雪公主；用得不好，手机就成了白骨精。下面我们还是听听老师的意见吧。

三、辩证分析，认识手机的利与弊

师：同学们，辩手和主持人说得都很好。经过激烈的辩论，我觉得大家心中其实已经有了答案。手机是一把双刃剑，如果我们能够正确使用它，它就会给我们的学习生活带来许多方便。但是如果我们沉迷于手机的一些娱乐功能，比如手机游戏，手机聊天，手机交友等，就会给我们的身心带来伤害。首先从身体方面说，青少年正处在长身体的阶段，长期玩手机，不抬头做运动，就会造成脊椎问题，甚至出现身体畸形；还有些同学晚上不睡觉玩手机，造成睡眠质量差，长此以往，会影响身体健康。其次从心理层面讲，有些同学长期沉溺于手机游戏，不与外界接触，造成了一定程度上的交际障碍；还有一些同学在手机上交友，出去见网友上当受骗，不仅耽误了自己成长的关键期，还给家庭造成了伤害；还有一些同学上课玩手机，严重影响了自己的学业，荒废了自己的人生。总之，手机带给我们的负面影响很多，我们应该管好自己，养成正确使用手机的好习惯。

四、正面引导，深入了解手机的用途

师：同学们，感谢大家激烈的辩论，既然我们知道这么多手机的利与

弊，那么我们应该取其利，舍其弊，让手机成为我们的朋友，帮助我们学习。下面我们一起学习手机的正确使用方法。

同学们，大家喜欢用手机打游戏、聊天，其实这些功能只是手机的一小部分功能，它还能发挥更大的作用呢！

（幻灯片放映微信平台上家校联系布置作业的页面。）

师：同学们都认识这个微信群吧？

（预设：学生回答，认识。）

师：同学们，这就是我们经常使用的班级微信群，这幅图片展示的是我们班通过微信群布置作业的情况。（老师继续放映家校联系的其他讨论界面：班主任与家长沟通，学校活动的展示，学生作业的布置及检查，学生之间的沟通与交流。）

师：同学们，我们经常使用手机上的功能查阅资料，丰富我们的知识。今天老师还想给大家讲解一些手机的其他功能，或许对你们的学习和生活有所帮助。

大家知道手机已经替代了电脑进入我们的生活中，我们现代人离不开手机，手机除了传统的接打电话的功能，还有很多其他的功能，比如说，拍摄功能，视频功能等。课前，我作了一个调查，同学们现在使用最多的就是微信。近年来微信迅速发展，许多信息传播公司纷纷开创公众号，还有许多名人也开创了自己的个人公众号。（出示课件）这些公众号的创立，大大提升了我们的阅读量。我们每天在网上的阅读时间变成了几小时，这样日积月累，阅读量就会大得惊人。

除此之外，手机还有搜集信息的功能。许多浏览器设立了手机版本，我们通过手机可以处理文档，浏览邮件，查收资料。尤其是 WPS 出现了手机版本后，我们编辑文字，发邮件，整理资料，浏览网页都可以在手机上进行。（出示课件）

同学们，老师今天给大家讲讲未来的课堂会是什么样子的。英国纽卡斯尔大学教授苏伽特·米特拉提出了"云端学校"的概念，并因此获得了100万美元的 2013 年 TED 大奖。米特拉设想的"云端学校"充分利用学生的自学能力，极大地减少了教育投入，颠覆了传统的教育方法。手机作为移动互联网的重要载体，必然在未来的智慧教室、自适性学习、多媒体题库中发挥越来越多的作用。将来我们会有电子黑板、电子书包、教育共享工作室，以及电子教务科。（播放关于微课和墨课的视频，了解学习手段的新科技。）

五、制作手机使用监督卡，手机变得人人爱

师：同学们，我们今天了解了手机的这么多好处，大家觉得手机是不是我们的朋友？

（预设：学生回答，是。）

师：既然手机能给我们带来这么多的好处，那我们更得正确使用它，对吗？

（预设：学生回答，对。）

师：同学们，如果有人对自己不负责任，要用手机做一些无聊的事情，怎么办呢？

（预设：学生沉默。）

师：我倡议，我们一起就手机问题寻找一个自我监督、互相帮助的方法，帮助我们解决目前手机使用中存在的问题，好吗？

（预设：学生回答，好。）

师：同学们，课前班委会商议了一些办法，现在我们来讨论一下。请班长作介绍。

班长：同学们，我们建议：第一，上课时要关机；第二，删掉那些对我们不利的 APP，让班主任检查我们的手机；第三，每天玩手机，时间不能太长，特别是晚上，不能躲在床上玩手机。

（同学们据此进行讨论。）

师：大家说了这么多，其实使用好手机，关键在自己，靠自觉。但有时我们控制不住自己。老师想了一个办法，就是制作一张手机使用监督卡。现在给大家一个范例，你可以根据自己的实际情况制作自己的卡片。

手机使用监督卡

姓名：_____   日期：_____   监督人：_____

使用手机的不健康习惯：_____

_____

改进方法和措施：_____

_____

一星期后的表现：_____

监督人评价：_____

监督人签字：_____

师：监督人可以是同学，可以是父母，也可以是老师，一定要写清楚他们的身份。请大家把这张卡片贴在自己的课桌上，时时提醒自己，相信通过一段时间的努力，会收到良好的效果。

六、总结全课，布置作业

师：同学们，在我们周围有很多事物都是双刃剑。老师希望你们用自己所学的知识作出正确的判断和选择，真正做到趋利避害。今天这堂课，我们进一步认识了手机这个伙伴，我想手机在今后的学习生活中必然会成为你们的小帮手，成为你们学习的左膀右臂。衷心希望同学们能够快乐学习，健康成长。

最后，老师要给大家布置一个作业，同学们要通过手机去完成。作业的内容是：每人录制一段3分钟的小视频，通过微信发送给你的妈妈，题目是"妈妈，我想和你说点关于手机的话"，把你认为该如何使用手机的话录制下来。希望大家认真完成。

点　评

作业布置要改进

越来越多的班主任认识到，班会课应该给学生布置点作业。这节课的作业布置给了我们较多的启发：

1.作业的形式应是多样的。说起班会课的作业，我们见得最多的是写听后感、写读后感、写实践纪实。后来稍微有了改进，比如制作书签、抄摘名言、活动体验。而这节课的作业比较特别，那就是：每人录制一段3分钟的小视频，通过微信发送给你的妈妈，题目是"妈妈，我想和你说点关于手机的话"，把你认为该如何使用手机的话录制下来。这样的作业一定能激发学生的兴趣，调动学生的积极性。

2.作业具有可操作性。说有可操作性，首先难度应不大。"录制3分钟的小视频"，时间不是很长；"通过微信发送"，完全可以做到；"题目是'妈妈，我想和你说点关于手机的话'，把你认为该如何使用手机的话录制下来"，完全有话可说。

说有可操作性，还应和这节课的教育内容联系起来分析。作业紧扣本课的正标题"让手机成为学习的翅膀"和副标题"如何用好手机话题"。同时作业具有开放性，学生可以根据自己的思考来完成。

所谓可操作性，还包含它的可检测性。我看过不少班会课，最后的作业布置大而难以检测。比如有老师要求学生做一学期的自律记录，有老师要求学生记录每天的新发现。这些作业往往虎头蛇尾，不了了之。而本课作业的可检测性是明确的。

3.作业促进家校教育的协同。到了中职校，我们仍然希望学校教育与家庭教育能保持合力。现在班级教育融入家庭生活，学校教育争取家长教育的配合。这样的作业能争取家长的理解和支持，没有给家长增加过多的负担。其效果是可期待的。

非常可喜的是，本书设计的许多作业都可以给我们有益的启发。

15 点亮心灯，期待花开
（信任话题）

辽宁省大连市金融中等职业技术专业学校　刘晓玲

列夫·托尔斯泰曾经说过："要做真正的知己，就必须互相信任。"清华中旭商学院院长郭鹏也指出："要建设一个具有凝聚力并且高效的团队，第一且最为重要的一个步骤，就是建立信任。许多人团结在一起，互相信任，互相协作，就会产生难以估量的力量。"

中职学生会较早地步入社会，随着阅历的增加和压力的增大，他们更加需要培养团队协作以及彼此信任的意识。因此，特召开本次主题班会。

教育目标

1. 让学生了解彼此信任和团队协作的意义，增强学生彼此之间的信任感，培养学生团队协作精神。

2. 让学生思考是否应该信任他人，以及怎样建立和增强信任感。

3. 改善学生之间的关系，懂得合作、理解、信任他人，促进学生在学习、生活、工作中践行团队合作精神。

课前准备

1. 制定活动规则。

2. 分成若干小组，6人一组，小组长负责组织，每组起一个名字。

3. 位置排列。小组采用一列式，各个小组依次连接起来，整个教室座位排列成 U 型。

4.准备活动需要的道具，便利贴、气球、玩偶、跳绳、眼罩、计时器、仰卧起坐垫。

　　5.制作课件。

　　6.学生准备关于"是否应该信任他人"辩论话题的正反方内容。

教育过程

一、讲故事，导入话题

　　师：同学们，你们想不想听老师讲故事？

　　（预设：学生回答，想。）

　　师：《船长的故事》——（出示课件）

　　从前，一艘货轮在烟波浩淼的大西洋上行驶。在船尾做勤杂的黑人小孩汤姆不慎跌落大海。汤姆大喊救命，无奈风大浪急，船上的人谁也没有听见，他眼睁睁地看着货轮拖着浪花越开越远。求生的本能使汤姆在水里拼命地游，他挥动着瘦小的双臂，努力使头伸出水面，睁大眼睛盯着轮船远去的方向。船越来越远，到后来，什么都看不见了，只剩下一望无际的汪洋。这时，汤姆力气也快用完了，他觉得自己要沉下去了。这时他想起了船长，不，船长知道我掉进海里，一定会来救我的，我不能放弃！汤姆鼓足勇气又朝前游去……船长终于发现汤姆失踪了，当他断定孩子掉进海里后，下令返航。这时，有人说："这么长时间了，就是没有被淹死，也让鲨鱼吃了。"

　　师：同学们，你们猜，最后汤姆是否得救了？

　　（预设：学生回答，有的猜死了，有的猜发生了奇迹。）

　　师：很高兴地告诉大家，最后，汤姆还是得救了。

　　船长犹豫了一下，还是决定回去找。终于，汤姆得救了。他跪着感谢船长的救命之恩，船长扶起汤姆问："孩子，你怎么能坚持这么长时间？"汤姆回答："我知道你会来救我，一定会的！""怎么知道我一定会来救你呢？""因为我知道您是那样的人！"

　　听到这里，白发苍苍的船长泪流满面："孩子，不是我救了你，而是你救了我啊！我为我在那一刻的犹豫而感到羞耻……"

师：如果你是汤姆，是否会相信船长会来救你？

（预设：有学生回答，不相信；有的学生回答，相信。）

师：从这个故事中我们可以看到，船长在经过了片刻的犹豫后还是选择回去救汤姆，因为船长有一颗善良的心；而汤姆也因为信任船长，拥有了坚持下去的力量，最终获救。它告诉我们，人的信任会产生一种力量，而被人信任也是一种幸福。我们生活在集体中，有了信任，同伴之间才能和谐相处、携手共进，团队内才能团结一致，每一个高效的团队都需要一个坚实的基石，那就是信任。

师：听了这个故事，大家有没有想实践一下的冲动呢？

（预设：学生回答，想。）

师：下面就让我们做一个小游戏！切身感受一下信任对于我们来说是多么重要。

二、活动体验——信任背摔

师：这个游戏的名字叫"信任背摔"，目的是考验同学们是否有自信和自我控制力，更是考验我们团队内部的信任感如何。请班长为大家介绍游戏规则。

班长：游戏规则是——（出示课件）

1. 准备背摔的同学轮流站在课桌上，背对着大家。

2. 背摔者手部的准备动作：前伸、内翻、相扣、翻转抵住下颚。背摔者站在课桌上进行以下动作：脚跟并拢、膝盖绷直、腰挺直、含胸、低头、手抵住下颚，准备背摔。

3. 搭人床的 8 名队员两两对站，在背摔者身后用双手保护，接住倒下的同学。搭人床的第一组队员的肩膀距课桌沿约 30 公分的距离，做右弓步，双手伸出，手掌掌心向上交叠放在对方锁骨上（要注意五指并拢、拇指不能向上），每组的两个人要将脚和膝盖贴紧，腰挺直，抬头斜向上 45 度看着背摔者。

4. 当准备背摔的同学问："我要跳了，你们准备好了吗？"台下所有组成人床的同伴要异口同声地回答："我们准备好了，请相信我们！"然后开始背摔，接应同学全力接应背摔同学。

5. 每个小组派出一人上台完成背摔，小组其余人员两组结合在一起，共8人作为接应人员，即第一、二组结合接应第一组和第二组的背摔同学，三、四组结合接应第三组和第四组的背摔同学……以此类推，接应的同学要全力以赴，确保安全。

师：同学们，这个游戏的规则清楚了吗？

（预设：学生回答，清楚了。）

师：请每组派出一名背摔同学，然后小组两两结合。请第一、二组同学上场准备。

（老师细心指导动作和接应的队形，指导摆好课桌和安全垫。）

师：这个游戏是一项心理素质拓展活动，请你们彼此信任，保持极高的警觉性，不能有一丝懈怠，以保证队友的安全。台下的同学，你们能够死守阵地，精神高度集中吗？

（预设：学生回答，能。）

师（再次强调）：台下的同学们，你们能够保证台上同学的安全吗？

（预设：学生回答，能！）

师（再次强调）：台下的同学们，你们准备好了吗？

（预设：学生回答，准备好了！）

师：台上的同学，你相信台下的同学们吗？

（预设：学生回答，相信。）

师：台上的同学，你准备好了吗？

（预设：学生回答，准备好了。）

师：台下的同学们，请大声说："我们准备好了，请相信我们！"

（预设：台下所有组成人床的同伴异口同声地回答，我们准备好了，请相信我们！）

师：准备，开始！

（预设：背摔成功后，大家掌声响起，再次给予鼓励。）

（备注：1. 当台上的人问道："我要跳了，你们准备好了吗？"台下所有组成人床的同伴异口同声地回答："我们准备好了，请相信我们！"这就是承诺。团队同伴的承诺是勇气、力量和信心的源泉。2. 台下同学表现出坚守阵地、精神高度集中的状态，能让台上同学抛开心中的疑虑放心地摔下去，这体现了彼此间的信任。3. 只有在心理放松、姿势标准的情况下，倒下的人最安全，而接的人也最省力。）

（接下来各组依次轮流进行。活动结束。）

师：同学们，请为台上同学的勇敢鼓掌！

（预设：大家掌声响起。）

师：同学们，请为台下同学们的担当鼓掌！

（预设：大家掌声响起。）

师：同学们，请为你们的彼此信任鼓掌！

（预设：大家掌声响起。）

师：下面请背摔同学和接应同学各自谈谈自己的体会吧！

（预设：有学生回答，开始的时候我特别害怕，担心下面的同学接不住自己，害怕自己摔下来，但是站在上面，听到下面同学们的保证，心里瞬间对他们有了很大的信任，他们稳稳地接住了我！这个游戏也让我更好地认识了信任。有同学回答，当我忐忑不安时，听到同学们说"请相信我们"，我充满了自信，相信他们不会让我受伤，在被同学们接住的时候，心里感到暖暖的。还有同学回答，我最大的担心就是怕我们接不住她，害怕她摔下来，可是当她倒下来的时候，就只有一个念头，一定要接住她，不能让她受伤，那个时候看到她选择信任我们，对于我们也是一种莫大的肯定，让我们也更加有信心做好接应。）

师：你们非常棒！看似很简单的一个举动，却将同学之间的信任展现得淋漓尽致。可能在行动之前我们有种种的顾虑，紧张与担忧也一直萦绕在心头，可当我们勇敢迈出这一步，信任他们，你就会发现其实并没有那么可怕。信任是相互的，交付出你的信任，你将会收获欢乐与感动。

师：但如果接应你的是陌生人，你还会有勇气跳下去吗？

（预设：有的回答会；有的回答不会。）

师：其实，相对于亲近的人，对于陌生人，我们就不会轻易信任，那么我们到底应不应该去信任他人呢？

（预设：有的回答，应该信任；有的回答，不应该信任。）

师：既然大家有不同的想法，那我们就来一场辩论会吧！针对"是否应该信任他人"的话题进行辩论，请正方同学到左侧一列，反方同学到右侧一列，调整位置坐好。

三、辩论会：是否应该信任他人

师：开始辩论吧！

正方 A：大家好！我方观点是"我们应该信任他人"。在日常生活中，信任是必不可少的，如果没有了信任，人与人之间的关系也将变得脆弱，生活也会变得不成章法，当今社会上大多数人都是善良的，所以，我们应该信任他人。

反方 A：大家好！我方观点是"我们不应该信任他人"。社会上有许多的坏人图谋不轨，我们如果轻易地去信任一个人，可能会受到不同程度的伤害，所以我们不应该随意信任他人。

正方 B：我不同意对方的观点，我方认为信任是必要的，更是一种连接人与人之间的纽带。有这样一个故事：有一个劳改犯人在亡命途中，抢得足够的钱财后，乘上开往边境的火车。火车上很挤，他只好站在厕所旁。这时，有一位十分漂亮的姑娘走进厕所，关门时却发现门扣坏了。她走出来，轻声对他说："先生，你能为我把门吗？"他一愣，看着姑娘纯洁无邪的眼神，他点点头，姑娘红着脸进了厕所。而他像一个忠诚的卫士一样，严严地把守着门。一刹那间，他突然改变了主意。在下一站，他下车到车站派出所投案自首。连一个潜逃的劳改犯都值得信任，我们有什么理由不信任他人呢？而且正是因为这个女孩的信任，使犯人改变了主意选择了自首，这也是信任的力量。

反方 B：谢谢对方辩友的故事，我们只是说不能随意信任一个人。我也听过这个故事，这个劳改犯之所以会逃狱，是因为他将捡来的钱交给监狱长，监狱长不相信钱是捡来的，认为是贿赂，致使他认为人生毫无希望后选择了逃亡。犯人就不应该选择相信监狱长。

正方 C：正如对方辩友所说，如果监狱长相信犯人，也就不会发生逃狱的事件，这正说明了应该信任他人。如果一个人不能信任他人，就不会感受到信任与被信任的快乐。刘备在建立蜀汉时，信任五虎上将，才有了在汉中之战时一举斩杀夏侯渊，正是因为信任，刘备才有了后来的成就。

反方 C：谢谢对方辩友的发言。同样是历史，赵高凭借秦始皇的信任为虎作伥，独揽大权，铲除忠良，结党营私，加重税收，百姓们苦不堪言，使秦王朝在三年之内土崩瓦解。现在社会上仍有赵高之类的小人，相信这样的人，会让我们受到很大的伤害，也有可能是家破人亡。

正方D：我方认为，应该信任他人，但同时也要点亮心灯，慧眼识人。信任是人与人之间相处的首要条件，有了信任，朋友、同学、团队之间才能和谐相处，团结合作。如果连最基础的信任都没有，净是猜测，疑虑，那又何谈建设美好的社会呢？如何建立和谐班级呢？最后，请大家记住，有一种美丽叫信任，它净化着人们的心灵，美丽着这个大千世界，也美丽着在座的你和我。谢谢大家！

反方D：被身边的朋友算计、被生意伙伴出卖的事不胜枚举；历史上勾心斗角、尔虞我诈的例子屡见不鲜，坏人太多，不能不防。我们怎么敢随便去信任一个人呢？所以，我们还是认为，不应该随意信任一个人。谢谢大家！

师：感谢大家的精彩辩论！正反方都向我们阐述了他们的观点，列举了一些因为信任他人而产生的不同结果，但我们不难发现，被信任的人是正义的、心地善良的就会结出好果实。社会上绝大多数人还是善良的，就像我们在座的各位，对于这样的人，我们应该给予充分的信任。

四、分组讨论——怎样建立或增强信任感

师：生活中我们身边也有曾经受过伤害的人，不愿相信他人；团队内也有善于猜忌多疑的人。面对这样的人，我们应该怎样建立或增强团队内的信任感呢？

接下来就请同学们分组讨论。讨论后请每组派出一名同学进行总结发言。

（分组讨论。）

师：接下来就请每个小组派代表谈谈你们的观点吧。

（预设：可能有以下观点，用真心去对待每一个人，在平时的相处中多多沟通；想要让别人信任自己，首先自己做一个正直、不趋炎附势的人；要做到互相信任，就要彼此以诚相待，说到做到；建立信任最基本的就是诚实，诚实地对待每一个人，每一件事，从而建立最基本的信任；等等。）

师：同学们说得都很好，真诚、正直、诚实等都是我们中华民族的传统美德。希望同学们首先做一个值得信任的人，其次在与人相处时能以诚相待，善于沟通，相互信任，信任感在我们之间就会无处不在，我们的班级也

会建设得更加美好。

五、全体合唱:《信任你》

师:下面请大家起立合唱《信任你》,文艺委员领唱。

文艺委员:这不是一句最美的话,这却是一句最真的话……

(多媒体播放《信任你》音乐,全体学生起立大声合唱。歌词大意:这不是一句最美的话,这却是一句最真的话,没有它如夜行没有灯塔,有了它便潇洒走遍天涯。这不是一朵最靓的花,这却是一朵温馨的花,春天她不在浪漫中停下,冬天她把种子播遍天涯。信任你呀信任你,是最深情感的抒发;信任你呀信任你,是最高荣誉的表达;信任你呀信任你,你是我一生的重托;信任你呀信任你,你是我心中永不褪色的朝霞。)

(在歌声中,课件播放一年多来大家在一起学习和生活的照片。)

师:老师从大家的歌声中就能体会到信任的力量,相信大家以后会更好地相处合作,更好地为班级作出贡献。

六、课后作业

师:当信任变成了一种习惯,你会发现身边的一切都变得更容易理解和认识!请同学们每人用一句话总结对今天班会的感受或对信任的认识,并写在便利贴上,贴在后面的板报上。

七、总结全课

师:今天我们通过亲身实践参与活动、辩论和讨论,了解了彼此信任和团队协作的意义,了解了是否应该信任他人,以及怎样建立、增强信任感。希望同学们在今后的学习工作中,做一个诚实、善良、值得信任的人,懂得合作、理解、信任他人。我们不可能独自生活在这个世界上,我们应该懂得去信任别人,与别人合作。请同学们以信任为基石,走近团队合作,期望大家能够点亮心灯,让彼此的信任之花盛开!

设计精彩的课堂活动

许多班主任在实践中认识到，主题班会课上应该开展精彩的课堂活动。但一段时间，大家偏向于简便易行、不需要学生作很多准备的活动。比如读书知识小竞赛、做"人字"游戏、"十秒拍手"等，这些活动确实寓教育于活动之中，受到了学生的欢迎。

但精彩有时需要惊心动魄，需要震撼内心，需要深刻记忆。偶尔开展一次高难度、有挑战性的活动，也一定会让学生难以忘怀，感悟多多。刘老师设计的"信任背摔"，就有这样的效果。

我观摩过"信任背摔"这一活动，但是是在团队集训场地。因此看到刘老师教案中出现这一活动时，我是有保留的。但刘老师告诉我，她以前就开展过此类活动，此次根据编书的要求，又在教室内开展了这一活动。她欣喜地告诉我，活动获得成功，而且学生还热情地邀请她参加了活动，好好地摔了一下，收获了师生之间彼此的信任。

刘老师的实践感动了我，也丰富了我对精彩活动的思考。不必过分拘泥于简便易行，因为有时有点惊心动魄，效果真的很好。

不过这样的活动，安全很重要。保证安全，源于规则的制定，刘老师提供了详实的细则；保证安全，源于每个成员的全力以赴，刘老师作了身体力行的最好动员。

如果班主任平时注意收集，注意学习，巧妙运用，一定会增强课堂的活力，以精彩的课程赢得学生的欢迎。

16 身边的榜样
（劳模精神进班级话题）

山西省平遥现代工程技术学校　孟兆成

设计背景

　　习近平总书记指出：劳动模范和先进工作者是坚持中国道路、弘扬中国精神、凝聚中国力量的楷模，他们以高度的主人翁责任感、卓越的劳动创造、忘我的拼搏奉献，为全国各族人民树立了学习的榜样。

　　传统教育中的榜样或是历史上的圣贤哲人，或是当代的英雄伟人，这些人品德高尚、事迹动人，但是学生和他们有着一定的心理距离，一提到劳模，学生们就觉得一定是做了惊天动地的大事的人，而自己是一个普通人，与劳模无关。还有一些学生觉得为什么要当劳模呢，轻轻松松过一生不好吗？让学生走近自己身边的劳模，让他们深切地感受到劳模并非可望不可即，他们和普通人一样做的都是平常的事，只是善于坚持，人生境界高而已，是将平凡做到了极致。只要我们努力，也可以成为劳模，成为像劳模那样的人。

教育目标

　　1. 走近劳模，从劳模身上感受榜样的力量。

　　2. 借助劳模的榜样力量，激励同学们明确做人、做事的方向（干一行，爱一行，勇于担当，甘于奉献），从日常小事做起，刻苦学习，努力工作。

课前准备

　　1. 确定主持人，指导主持人撰写主持词。

2.劳模先进事迹宣讲，主持人采访劳模。

3.准备两束鲜花（向劳模致敬）。

4.练习歌曲《掌声响起来》和《榜样》。

教育过程

一、开场致辞

主持人1：美国诗人惠特曼说过："没有信仰，则没有名副其实的品行和生命；没有信仰，则没有名副其实的国土。"我们青少年是祖国的未来和希望，我们有没有理想和追求，关系到中华民族伟大复兴的中国梦能否实现。

主持人2：劳模精神是劳动模范体现出来的精神，是一种以民族振兴为己任的主人翁精神；是一种勇于创新，与时俱进的开拓精神；是一种艰苦奋斗的拼搏精神；是一种淡泊名利、乐于奉献的忘我精神；是一种紧密协作、相互关爱的团队精神。劳模精神正如一盏明灯，指引着我们前进的方向。

二、鲜花献劳模

主持人1："三百六十行，行行出状元。"一切劳动者，只要肯学肯干肯钻研，练就一身真本领，掌握一手好技术，就能立足岗位成长成才，就能在劳动中发现广阔的天地，在劳动中体现价值、展现风采、感受快乐。

主持人2：劳模其实就在我们身边，他们乐观积极，助人为乐，无私奉献，这些优秀的品质都是我们学习的榜样。

主持人1：我们今天有幸请到县级劳动模范"接生圣手"——张勇智老师！

（张勇智起立，全班同学报以热烈的掌声。）

主持人2：有幸请到县级劳动模范环卫工人——张伟老师！

（张伟起立，全班同学报以热烈的掌声。）

主持人1：现在请我们的班长、团支部书记向张勇智老师、张伟老师敬献鲜花，表达我们的崇敬之情！

（班长、团支部书记向张勇智老师、张伟老师敬献鲜花。全班响起热烈

（的掌声。）

三、"接生圣手"的故事

主持人 2：现在我们来聆听张勇智老师的汇报。

主持人 1：张勇智老师 1996 年毕业于山西医科大学，现在在平遥县妇幼保健站工作。20 多年来，她始终坚守岗位，默默奉献，为我们平遥妇产事业作出了巨大的贡献。由此，被誉为我县的"接生圣手"。现在让我们一起分享她的先进事迹，我们掌声欢迎张勇智老师。

（同学们报以热烈的掌声。）

张勇智：大家好，我是县妇幼保健站的一名普通助产士——张勇智。

先给你们讲个故事吧，或许能从中了解我。前几天一位 40 多岁的母亲见到我，说："张医生还记得我吗？我女儿就是你接生的，现在已经 20 岁了，读大学了。"说完，旁边的女儿叫了我一声"妈妈"，当时我的心都融化了。

那位母亲说："要不是当年你全力抢救，不用说女儿，恐怕连我也离开这个世界了。"可我拼命想也想不起曾经的场景，因为我经常会遇到这样的危重产妇，只记得千篇一律的手术和全力以赴为每一位产妇接生。

（同学们再次报以热烈的掌声。）

张勇智：毕业 20 多年来，我从一个不谙世事的小姑娘变成了一位接生过几千名新生婴儿的资深"接生妈妈"。我很喜欢"接生妈妈"这个称呼，因为这个称呼赋予了生命最具内涵的诠释，这是一种特殊的爱。

对于接生工作，我已经有了特殊的感情，这项事业已经贯穿了我的整个人生，融入了我的整个生命。

20 年前，大多数乡镇医院妇产科都不景气，用"门可罗雀"一词形容很恰当，因为产妇分娩这样的大事多由本村或者邻村的接生婆担任。通过走访邻里乡村，我了解到当地的接生观念落后，无菌条件更是无从谈起，这样的情况对产妇及新生儿的健康会带来很大的安全隐患。

于是我大胆地迈出了妇产科工作的第一步——在全乡推广新法接生。走街串巷，联络各村妇女主任，到产妇家中走访，时间长了以后，我的爱岗敬业精神给当地人留下了很好的印象。现在一提起我的名字，当地人还记得那些年活跃在这块热土上的年轻专业的"接生婆"。

辛苦磨砺成就了我炉火纯青的接生技术，但也给我的健康带来了难以治愈的问题，我先后患上椎间盘突出症、肩周炎、双侧膝关节退行性变。然而身体上的疼痛并未减弱我对工作的热情，我愿意继续在心爱的妇产科岗位上贡献着自己的一份力量。

主持人2：亲爱的张医生，据我所知，当助产士是一件很辛苦的事，没有正常的作息时间，你有过厌烦甚至放弃的想法吗？

张勇智：有过啊！在指导站一天接生三四个孩子是常事，碰到难产的情况，我有时要站八九个小时，腰酸背痛，大汗淋漓。但是一看到产妇期待的眼神，看到新生儿呱呱坠地，我就有使不完的劲。自己虽然苦点累点，但能给别人带来幸福，所以就坚持了下来。

（全场又响起热烈的掌声。）

四、城市美容师的故事

主持人1：接下来我们有请县级劳动模范、环卫工人张伟老师和我们分享他的先进事迹。张伟老师，原来在平遥肉联厂上班，1994年下岗后，一直从事环卫工作。他在平凡的岗位上已经默默奉献了20多年，确实是干一行、爱一行的楷模。大家掌声欢迎。

（全场响起热烈的掌声。）

张伟：大家好，我是张伟，很高兴与大家分享我的故事。

刚下岗的时候，我在工地干过、在洗车行业干过、在家政服务干过，但都因为这样或那样的原因没干多久。我爱人是环卫所的正式职工，想到单位正缺清洁工人，就建议单位让我扫一段路试试。

刚开始我还挺不情愿，觉得一个大男人在大街上扫地，不但成天与垃圾打交道，而且天天起早摸黑，工资待遇又低，碰到熟人总是觉得低人一等。但爱人却安慰我说：扫马路有什么丢人现眼的，哪一样工作都要有人做，只要自己看得起自己，又不是去偷去抢，能做好才是本事。爱人简单朴素的话语让我觉得有道理，于是下定决心在环卫所干，到现在，一干就是20多年。

我清扫的路段干净整洁，备受人们的称赞。平日里别人按时上下班，我却习惯于整天泡在马路上。单位组织上街检查，看到其他路段的人都已经下班了，唯有我还在自己的清扫路段上保洁，禁不住也会说：老张，怎么还没下班？我总是笑呵呵地回答：反正回到家里也没有什么事，把路扫干净些，心里更踏实。因此，无论我扫的哪个段路都是"免检产品"。久而久之，大家把我这个人也看成了"放心产品"。

（全场响起热烈的掌声。）

2012年县城第一座垂直式垃圾压缩中转站落成之后，需要一位专职操作员，所里想到的第一人选就是我。但由于中转站每天中转的垃圾吞吐量大，运转了几天后，才发现没有两个人轮流上班是吃不消的，可短时间内又难以物色到合适的人，只有靠我一人顶着。

垃圾实在多时，我中午和晚上的饭都是爱人送到中转站吃，晚上通常都要干到十点多钟才能下得了班，第二天一大早又得赶到中转站上班，但我从来没有向领导提任何条件，因为我理解单位的难处。我就这样一直坚持到另一个人来上班，可新来的人还需要熟悉操作，于是我还是天天早出晚归，手把手地教新人各项操作，等到他完全可以独立操作才放心。

我在工作岗位上任劳任怨、爱岗敬业，每次压缩好垃圾后，都要认认真真地检查一番，从来不马虎了事，只要发现有一丝异常情况，就会尽早排除解决。

中转站运行了一年多的时间，在我手上从来没有出现差错。就像成千上万个环卫工人一样，我既然选择了环卫这个行业，就认真地去做好"城市美容师"。

（全场又响起热烈的掌声。）

主持人1：张伟老师虽然是一名普通的环卫工人，但却有一颗美好的心灵，时时刻刻想着怎么样才能把自己的本职工作做得更好，把城市的环境卫生搞得更好，这就是当代"城市美容师"的中国梦。

主持人2：同学们，这两位劳模"爱岗敬业、争创一流，艰苦奋斗、勇于创新，淡泊名利、甘于奉献"的精神，生动诠释了社会主义核心价值观，是我们宝贵的精神财富和强大的精神力量。我们要向他们学习，学习他们的责任心和爱心，学习他们的执著信念与价值观，并落实到日常生活的点点滴滴中。

五、劳模在我们心中

主持人1：爱心，是在日常生活一点一滴中积累培植起来的美丽花朵，它的盛开需要源源不断的滋养和浇灌，滋养的过程就是让爱与我们同行，让我们干一行，爱一行。

主持人2：在我们身边，在我们学校也有很多未来的"劳模"。他们爱校如家，他们严守纪律，自觉维护学校的卫生，视学校声誉为生命，他们苦练技能，在一年一度的技能大赛中为学校捧回了一个个奖杯！他们就是活跃在我们身边的爱心之星、勤勉之星、责任之星等星光人物。

主持人1：对呀，特别要夸夸我们班的勤勉之星武宏林！他从高一年级便担任咱们班的自行车管理员，每天把班级的自行车摆放得车把同方向，车尾一条线，车型分类排好队。两年如一日，天天如此，从不叫苦，考核从没被扣分。现在想来，这么枯燥累人的活，他能坚持下来需要多么坚强的毅力呀！勤勉之星他当之无愧，他是我们班的劳动模范！（响起雷鸣般的掌声。）

主持人2：他们的精神令人感动，这种精神已经融入我们的学校精神和我们共同的行动中，形成一种谁都不甘落后的"学先进、赶先进、当先进"的风尚。让我们向张勇智、张伟这样的行业先锋学习，人人争先进，营造积极向上的校园氛围。

主持人1：原来，榜样就在我们身边。只要本着一颗明亮的心，我们将会发现更多身边的榜样……今天，他们虽然还只是中职校园里普通的一员，却在自己的学生时代书写着不平凡的故事；无意中他们也成了今天故事的主角，然而，他们丝毫没有骄傲，而是用自己最踏实的脚印、最朴实的言语继续过着精彩的每一天。

主持人2：相信今天两位劳模老师的故事将激励更多的同学从我做起，从今天做起，从每一件小事做起。

六、合唱《掌声响起来》

主持人1：让我们齐声合唱《掌声响起来》，送给今天的特邀嘉宾，同时也鞭策今天的自己。

（全班合唱《掌声响起来》。）

七、班主任总结

主持人2：有请我们的班主任对今天的活动作总结指导。

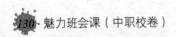

班主任：同学们，我觉得我们这次的主题班会非常成功。我相信，以本次教育活动为契机，在今后的德育工作中多多开展劳模精神教育活动，学习他们的先进事迹，畅谈自己心中的劳模形象，让我们班以整齐的队列行进在榜样的身后。

希望通过今天的班会，我们都能向榜样看齐，同时也希望在座的每一位同学，都能学习劳模爱岗敬业、争创一流，艰苦奋斗、勇于创新，淡泊名利、甘于奉献的伟大精神。在今后的生活和学习中，希望大家能带动全校，联动家庭，为自己的梦想、为祖国的强国梦贡献力量！

（在歌曲《榜样》中结束本次班会。）

点　评

发挥"重要他人"的作用

作为中职校班主任，应充分利用身边的资源，邀请当地劳动模范、先进工作者等到校"现身说法"，讲述他们的实践体会和人生感悟。这种"帮助学生寻找生活中重要他人"的做法是很有效的。

所谓"重要他人"，是"对个体的自我发展（尤其是在儿童时期）有重要影响的个人和群体，即对个人的智力、语言及思维方式的发展和对个人的行为习惯、生活方式及价值观的形成有重要影响的父母、教师、受崇拜的人物及同辈群体"。

研究发现，在人的不同发展阶段，影响成长的"重要他人"是不同的。比如在儿童期，"重要他人"是母亲、父亲及其他家庭成员。到了学龄期，首先是老师，然后是同伴或榜样人物。

随着孩子年龄的增长，为其寻找榜样人物十分重要。过去我们给学生介绍的榜样人物常是革命先辈、战斗英雄、劳动模范，他们以高尚的心灵、英勇的举动、出色的业绩深深地打动着学生，使学生产生强烈的向往之情。随着时代的发展，我们还可以关注学生喜欢的体育明星、影视明星、财经人物和政坛人物。

邀请重要他人进班级，要事先"做好功课"，特别要关注他的语言表达能力。在今天的校园，如果讲演者比较内向，不善言表，那么就不容易凭"第一印象"征服听众，从而会影响教育的效果。

在相同条件下，我还倾向于邀请年轻的优秀人物。因为"青春偶像"，靓丽的外形、亲切的话语、活泼的举止，更能吸引学生，增强班会课的效果。

劳动模范是时代的楷模，是我们中职校学生学习的榜样，对学生成长有着重要的意义。班主任必须下功夫，认真组织开展好向劳动模范学习的活动。

17 拒绝校园暴力
（预防校园欺凌话题）

辽宁省大连综合中等专业学校　刘垚杞

设计背景

近年来，为保护青少年免于校园欺凌的伤害，2016 年 4 月国务院教育督导委员会办公室印发了《关于开展校园欺凌专项治理的通知》。明确要求，各校要集中对学生开展以校园欺凌治理为主题的专题教育，加强学生对校园欺凌事件的认识和自我保护能力。通过专项治理，加强法制教育，严肃校规校纪，规范学生行为，促进学生身心健康，建设平安校园、和谐校园。

中职学生单亲家庭比例相对较高，他们缺乏家庭的温暖和家人的关爱，更容易成为校园欺凌的施暴者与受暴者。为落实工作要求，维护校园环境，保障学生身心健康发展，有必要开展以拒绝校园欺凌为主题的专题教育。

教育目标

1. 让学生认识什么是校园欺凌；了解欺凌会造成怎样的伤害；了解如何预防校园欺凌；知道遇到欺凌应该采取什么措施。

2. 提高自我保护意识，培养同学之间的友谊，增强班级的凝聚力，坚定邪不胜正的信念。

课前准备

1. 下载校园恶作剧的相关视频。

2. 下载近期校园欺凌事件视频。

3. 下载2016年2月温州欺凌事件的相关报道。

4. 制作课件。

教育过程

一、观看视频，导入话题

师：同学们，今天的班会我们首先来观看两段视频，在观看视频时，请同学们体会这两段视频带给你的内心感受。我们先观看第一段视频。（播放视频。视频内容：一些学生在教室休息，一个趴在课桌上睡觉的同学被另一个同学多次骚扰，不能安睡。但骚扰他的同学每次成功后就装睡，让被骚扰的同学找不到，最后被骚扰的同学忍无可忍，回击了一名无辜的同学，引得全班哄笑。）

（学生观看视频。）

师：我们再来看另一段视频。（播放校园欺凌的视频。视频内容：天台上，几名少女对另一名少女轮流扇耳光、用脚踢踹。）

（学生观看视频。）

师：视频看完了，请回答老师刚刚提出的问题，这两段视频给你的感受相同吗？

（预设：有的学生说，第一段视频看完后觉得很好笑，第二段视频看完后很气愤；也有的学生说，这两段视频都让人气愤，尤其第二段视频，应该报警；等等。）

师：认为第一段视频中的做法属于你能接受的玩笑范围的同学请举手。

（预设：多数学生会举手，少部分学生不会举手。）

师：看来有些同学认为这种做法是开玩笑，有的同学认为这种做法不是开玩笑。那么我来请"认为是开玩笑"的同学和"认为不是开玩笑"的同学各自说一说理由。

（预设：认为是开玩笑的同学会说，恶搞的同学没有恶意，并不想伤害同学；认为不是开玩笑的同学会说，虽然恶搞的同学没有弄伤别人，但给对方心理上造成了伤害。）

师：我觉得大家的回答都没有错，我们的性格决定了我们对"开玩笑"的态度，而每个人的性格又各不相同，所以对"开玩笑"的接受程度就不一样。大家看一下刚才认为是开玩笑的同学，是不是都是那些性格外向、活泼的同学，而认为不是开玩笑的同学都是性格比较内向的同学呢？同样的一件事，有的同学把它看作是玩笑，而有的同学把它看作是伤害。这并不是说那些认为是开玩笑的同学大度，也不是说认为是伤害的同学就小气，只是因为我们性格不同，所以决定了我们对同一件事的看法就不同。知道了这个道理，大家以后开玩笑的时候就应该注意了，看看你开玩笑的对象是不是能接受你的尺度。

接下来我们谈谈第二段视频，我们可以肯定这一定不是恶作剧，那大家觉得这是同学之间的打架吗？

（预设：大多数同学都回答，不是。）

师：是的，因为这已经超越了玩笑或恶作剧甚至打架的范围，这种行为叫欺凌。又因多发生在学校、学生之间，所以叫校园欺凌。

二、了解校园欺凌的特点

师：什么叫作欺凌呢？国外教育研究机构认为欺凌需要具备三个要素：一是双方力量的不对等性，即一方恃强凌弱；二是具有重复性；三是造成了严重的后果。我国在2016年4月由国务院教育督导委员会办公室下发的通知中也对校园欺凌作了定义，即凡发生在学生之间，蓄意或恶意通过肢体、语言及网络等手段，实施欺负、侮辱造成伤害的行为即校园欺凌。很显然，我们刚才看到的第二段视频就属于欺凌。

下面来看大屏幕，判断以下行为是否属于校园欺凌？（ppt展示）

1. 在食堂因为排队打饭，张三插队，李四上前理论，张三不服气，与李四扭打在一起。请问这是不是校园欺凌，为什么？

（预设：学生回答，不是校园欺凌，这是一般的打架。）

师：这位同学回答正确，这不是校园欺凌，虽然打架对双方都会造成伤害，但这里没有明显的恃强凌弱，也没有明显表现出某一方的蓄意，所以这不属于校园欺凌。但造成了伤害，也要受到校纪校规的惩处。

2. 小刚、小明、小强三人约定在班级的 QQ 群中一起对小红进行语言上的侮辱，同学劝说后仍不悔改。这使小红对他们产生了恐惧，不愿意来学校。请问这是不是校园欺凌，为什么？

（预设：学生回答，这是校园欺凌，因为这里是三个人欺负一个人。）

师：这确实属于校园欺凌，因为通过 ppt 上的文字，我们可以判定这三个人是蓄意通过网络对他人进行语言上的侮辱，虽然没有对他人身体造成伤害，但对他人心理造成了伤害，并且产生了同学不愿返校的严重后果。所以说，这种行为属于校园欺凌。

三、校园欺凌会造成怎样的伤害

师：校园欺凌会造成直接的人身伤害，严重者甚至危及生命，被欺凌者除了身体受到伤害以外，还可能长期生活在被欺凌的心理阴影下，造成社会交往的障碍，对社会失去信心，如果不能走出阴影，甚至会自杀或报复社会。而实施欺凌者的行为如果没有得到及时矫正，最后很有可能走向犯罪的深渊。所以如果我们发现身边有被欺凌者或是欺凌的实施者，我们应该及时帮助他们，让他们回归到正常的人生轨道上来。

对于校园欺凌的实施者，法律也有相应的刑罚。例如 2016 年 2 月在温州实施校园欺凌的 8 名未成年人，分别被判处有期徒刑六年六个月至八个月，缓刑一年不等的刑罚。（播放视频。视频内容为温州校园欺凌事件及其宣判的相关报道。）可以说，校园欺凌对施受双方都是有百害而无一利。

四、如何防范校园欺凌的发生

师：校园欺凌大多发生在什么时间、什么地方呢？

（预设：学生回答，校园僻静处、网吧；一般发生在周六放学或假期等。）

师：根据北京青少年法律援助与研究中心的统计，校园欺凌高发的年龄在 16 岁至 18 岁之间，最容易发生的时间就是大家刚才所说的放学后和寒暑假期间，而最容易发生的地点是学校僻静处和学校周边。我们现在来看情景模拟题一，（出示课件）看看该如何应对。

情景模拟题一：某节课下课后，你在去卫生间的路上，没注意身边的人，不小心撞到了一位高年级的学长，他什么也没说，径直去了卫生间。当你从卫生间出来的时候，发现那个学长带了一群高年级的男生在走廊拦住了你的去路。这时你应该怎么办？

（预设：学生众说纷纭，有说快跑的，有说跟他们拼了的，等等。）

师：大家说什么的都有，但是俗话说"好汉不吃眼前亏"，如果对方来势汹汹，为了避免受到伤害，我们可以跑到教师办公室或找值班教师寻求帮助。如果当时没有找到班主任，在避免了直接冲突之后，可以再找班主任讲明情况，班主任会与对方的班主任进行沟通，在双方班主任知情的情况下，双方把事情讲清楚，这个矛盾就可以得到妥善的解决。现在再看情景模拟题二（出示课件）：

情景模拟题二：假期里，你在网吧里玩游戏，因为配合默契，你的团队总是取得胜利，这时网吧里有几个小青年开始辱骂你们，这时你该怎么办？

（预设：学生有说回骂他们的，有说继续赢他们的，等等。）

师：面对对方的挑衅，我们一定不能冲动，更不要激怒对方，以免让自己受到伤害。游戏中胜败乃兵家常事，面对没有风度的对手，我们已经取得了胜利，不需要再在现实中过招了。我们可以退出游戏，或直接离开网吧。千万不可与对方有直接冲突，更不可为了不受欺负而去结交社会上的朋友，因为结交有问题的社会朋友，一定是弊端多多。其实这里还有一个问题，那就是国家明文规定未成年人不得进入营业性的网吧。我们有些同学借用他人身份证上网，或利用无良网吧提供的方便去玩，这也是不妥的。我们一定要管好自己。这是减少意外事件发生的有效方法。

五、如果遇到了校园欺凌怎么办

师：如果我们身边有校园欺凌的现象发生，我们应该怎么办呢？现在来看情景思辨题一（出示课件）：

情景思辨题一：周六放学回家的路上，两个初中就辍学的同学，又等候在你回家的路上，再次向你借钱，这已经是第 N 次了，而且从来就没还过钱。如果遇到这样的情况，你该怎么办？

（预设：有的学生说让他还钱，有的说有钱也不借给他。）

师：大家的回答表现了你们的正义感和勇气，但是老师认为，如果可以用智慧化解这一问题，要比直接拒绝对方更为有效。你可以说："上次借给你的钱，就是我偷拿家里的，我妈发现了，他们最近还要找你把以前借的钱要回来呢。"相信对方也会知难而退，一段时间内是不会再来打扰你了。再来看情景思辨题二（出示课件）：

情景思辨题二：今天考试，我没有把我的答案给同桌看，所以同桌很生气，他让我放学后等他，要与我谈谈。我看他还找了其他班级经常打架的朋友，我有些害怕。遇到这种情况，你该怎么办？

（预设：有的学生说，他找人帮忙，我也找人帮忙；有的说，宁可丢面子也不去。）

师：大家遇到这种事，都是既不想丢面子，又不想被欺负。所以不妨给老师发个短信，邀请老师作一次家访或是寝室检查，放学后老师会与你一起走，在路上把事情跟老师说说，相信老师可以帮你处理好这个问题的。当然这都是一些小智慧，有时候小智慧可能会来不及，那就首先打电话报警，寻求帮助。如果报警也来不及，就往人多的地方跑，例如银行、商场、医院这些公共场所。

老师把应对欺凌的做法编成了一个顺口溜，我们一起来朗读（全班朗读）：

遇到施暴不要慌，首先要把自身防。婉转迂回化危险，寡不敌众莫逞强。

寻求帮助找师长，师长不在找警方。公共场合好人多，帮忙解围把身藏。

举报方法要适当，避免报复遭祸殃。大家携手防暴力，公平正义放光芒。

在举报校园欺凌行为的时候，要注意方式方法，避免遭到报复。只有我们大家一起防范校园暴力，才会营造出一个公平正义的校园。

六、总结全课

师：今天我们观看了两段视频，知道了什么是校园欺凌以及校园欺凌的危害。我们又通过情景模拟学会了如何预防欺凌的发生以及遇到了欺凌应该如何保护自己。

希望通过今天的班会，同学们能够提高自我保护意识，增强正义感与责任感，让校园欺凌远离我们。同时我也会在班级的家长群里分享此次班会的内容，让家长配合学校为同学们营造一个健康安全的环境。

让我们共同携手拒绝校园暴力，共建和谐班级。

点　评

加强对教育文件的学习

我在许多专题讲座时都建议，班主任应在自己的电脑里建一个文件夹。这个文件夹叫"政策夹"，收集有关文件，加强学习，提高认识，做好工作。

在日常工作中，班主任上班会课时常根据上级的工作布置来选题。我想这是一个工作方法。但我还主张班主任要学会主动选题。一是根据班情，二是认真学习党和国家的教育方针，认真学习教育部和地方教育行政部门的有关文件，思考工作的重点，积极、主动地考虑怎样上好班会课。

也许有人认为这样对班主任有点苛求，但每个时代都期望教育工作者在培养人才时有所作为。为国家培养合格公民，是班主任的神圣使命和光荣职责，应成为班主任的自觉意识和积极行动。在时代迅猛发展的大潮中，班主任对培养目标的认识应该是明确、清晰的，应该与时俱进。

具体到这节课，有老师认为，中职校需要加强预防校园欺凌的教育，但我们班上没有，可以不开展。刘垚杞老师认真学习了国务院教育督导委员会办公室《关于开展校园欺凌专项治理的通知》。其中明确要求："各校要集中对学生开展以校园欺凌治理为主题的专题教育，开展品德、心理健康和安全教育，邀请公安、司法等相关部门到校开展法制教育。组织教职工集中学习对校园欺凌事件预防和处理的相关政策、措施和方法等。"他结合班情，确定重点，形成了本课的教案。实际操作收到了很好的效果。这种积极担当的责任意识，值得我们学习。万众一心，才能将工作落到实处。

班主任工作很忙。我建议班主任在百忙中要"抬头看方向","要上接天线（了解教育要求）"。如果班主任加强学习，明确工作重点，认真落实本学段的教育任务，我们的教育就会形成由低到高、由浅入深的螺旋式上升的系列教育格局。

在这方面，学校也需要加强学习，加强指导。有学校在校园网上开设了"政策导航"栏目，收集重要的指导文件，便于班主任学习。这是扎扎实实的工作，因为学校是铁打的营盘，班主任是流水的兵，学校要为每位班主任的学习提供方便。这样的做法应成为共识。

18 背着"壳"前行

（如何面对压力话题）

辽宁省大连市金融中等职业技术专业学校　胡　丹

设计背景

　　著名心理学家罗伯特说："压力就如一把刀，它可以为我们所用，也可以把我们割伤。那就要看你握住的是刀刃还是刀柄。遇到压力时，如果握住刀刃，就会割到手；如果握住刀柄，就可以用来切东西。要准确握住刀柄，可能不容易，但还是可以做到的，这当中有很多方法和技巧，但是最重要的一点是，你必须冷静，沉着应对。"中国青少年研究中心发布的《中日韩美四国高中生学习意识与状况比较研究报告》中指出，中国学生的压力来源主要有三个：第一个压力来源于他们的父母，中国父母对孩子的期望值很高，都希望自己的孩子能出人头地，这个数据是四国中最高的；第二个压力来源于他们自己，这说明他们的压力已经从外部走向内部，渐成心理定势；第三个压力来源于同伴，本来同伴是应该互相帮助的，但现在有不少学生把同伴看作敌人和竞争对手，这对培养他们的合作意识有害无益。

　　中职校二年级的学生容易松懈，无论是文化课的学习状态，还是个人技能的练习劲头，都会有所变化。他们即将步入社会，面对新的生活环境，他们的心里有些许慌乱，遇到挫折是在所难免的，但是他们缺少社会阅历与实战经验，如果遇到困难将会不知所措，内心也会忐忑不安。生活中，一件事最佳的压力水准是让人觉得有难度、有挑战，但又可以完成。我们离不开压力，积极的压力能够调动人的生理系统和心理系统，为预定的目标奋斗，从而取得成功。为此，如何引导学生们正确对待压力，释放压力，学会应对各种各样的挫折与挑战，并培养自强不息的精神，已成为现代学校德育工作的一个重要内容。

1.能够正确认识自己所背负的压力，初步形成主动磨炼自己的意识。

2.树立自强进取的信念和信心，培养勇于承受压力的能力和乐观积极的生活态度。

1.召开班委会，分析、了解学情。

2.准备歌曲《蜗牛》。

3.制作班会课件。

一、讲述古老传说，导入本课话题

师：有一个古老的传说，能够到达金字塔顶端的只有两种动物。一种是雄鹰，它是靠自己的天赋和翅膀飞上去的。而另外一种就是蜗牛，蜗牛能够到达金字塔顶端，主观上是凭它永不停息的执著精神，客观上应归功于它厚重的壳。正是这看上去又笨又拙、有些负重的壳，才让这小小的蜗牛得以到达金字塔顶端。在登顶过程中，蜗牛的壳和鹰的翅膀，起的是同样的作用。

可是生活中，大多数人只羡慕鹰的翅膀，却很少有人在意蜗牛的壳。就像我们羡慕别人拥有某种天赋或特长，却整天埋怨我们身上要背负太沉重的"壳"一样。

二、分享故事，明确目标

师：那么，我们身上背负的"壳"到底是什么呢？

（预设：学生回答，压力，责任，希望，等等。）

师：这"壳"能够搁下吗？人要生存，就必然担负着许多责任。我们要如何背着"壳"前行呢？下面我们先来看一个小故事（播放课件）：

德国法兰克福的钳工汉斯·季默，从小便迷上了音乐，他的心中有一个始终不变的奋斗目标——当音乐大师。因为买不起昂贵的钢琴，他在用钢板制作的模拟黑白键盘上练习贝多芬的《命运交响曲》时，竟把十指磨出了老茧。后来，他用作曲挣来的稿费买了架"老爷"钢琴，有了钢琴的他如虎添翼，并最后成为好莱坞电影音乐的主创人员。

他作曲时常常走火入魔，时常忘了与恋人的约会，惹得许多女孩"骂"他是"音乐白痴"、"神经病"。不论走路或乘地铁，他总忘不了在本子上记下即兴的乐曲，当作创作新曲的素材。有时他从梦中醒来，就打着手电筒写曲子。

汉斯·季默在第67届奥斯卡颁奖大会上，以闻名于世的《狮子王》荣获最佳配乐奖。这天，是他37岁的生日。

师：同学们，通过这则故事，大家得到了什么启示呢？

（预设：有的说，无论遇到什么困难，我们都应该勇于进取；有的说，勤于思考，坚持不懈；有的说，我们要有雄心壮志，让智慧闪光；有的说，心中要有一个始终不变的奋斗目标；有的说，为自己设定一个目标，并为之不断努力，永不言弃；等等。）

师：同学们谈得都很好，要能背着"壳"前行，首先要有明确的目标。我们应该像蜗牛一样，无论身上背负着怎样的重担，都努力向着自己定下的目标前进。故事中那只蜗牛为自己立了目标——一定要爬到金字塔顶端。即使目标难以攀登，它也不遗余力地往上爬。人，应该为自己立一个目标，一个坚定的目标，而且应该向着这个目标前进。假如没有了目标，人生就失去了意义。自己心中有了明确的目标，才不会像无头苍蝇一样撞来撞去。

我们虽然社会阅历不多，但已经有了一定的知识储备，特别是随着现代传媒的发展，认识社会的途径多样化，思维能力不断增强，已经具备了设计自己人生目标的能力。设定目标，就是独立经营自己一生的开始。那么，制定目标时应该注意些什么呢？请回答。

（预设：学生回答，要切合实际，不能好高骛远，要有点难度，等等。）

师：说得很好。我作个归纳吧！第一，目标是你个人的，要结合自身的特点来考虑。第二，是能够实现的，而不是"一夜成土豪"等不可能的目标。第三，是通过你自己的努力实现的，而不能是"老爸送我一辆汽车"之类索取性的。第四，大目标要分解成小目标。不忘大目标，紧扣小目标，一步一个脚印，压力就变成动力。

三、再说故事，改变人生态度

师：但是在为目标努力奋斗的路上，有时困难重重，我们该怎么办？美国伟大的励志成功大师拿破仑·希尔曾讲过这样一个故事，让我们再来分享一下——（播放录音）

赛尔玛陪丈夫驻扎在一个沙漠中的陆军基地里，丈夫经常外出演习，她一个人留在陆军的小铁皮房子里，奇热无比，又没有人和她聊天，周围都是不懂英语的墨西哥人和印第安人。

她很难过地写信对父母说："一心想回家去……"

她的父亲给她回了一封信，信中只有两行字，但这两行字却永远留在她的心中，并改变了她的生活。

这两行字是什么呢？"两个人，从牢中的铁窗望去，一个看到泥土，一个却看到了星星。"

读着这封信，赛尔玛决定在沙漠中寻找自己的星星。她观看沙漠的日落，寻找几万年前的海螺壳。她和当地人交朋友，互送礼物，她研究沙漠中的植物、动物，又学习有关土拨鼠的知识，她把原来认为最恶劣的环境，变成了一生中最有意义的冒险，并出版了一本书《快乐的城堡》。

她从自己的牢房中望去，终于望到了自己的星星。

师：同学们，在这则故事中，我们又学到了什么呢？

（预设：学生有的说，面对挑战，我们应该毫不畏惧；有的说，在困难与挫折面前，我们要勇往直前，绝不低头；有的说，如果失败，我们不能气馁，应该从头再来；有的说，要快乐地面对生活；等等。）

师：面对困难，要能背着"壳"前行，就要有积极的人生态度。三年的中职校生活一晃而过，抱怨社会、逃避现实、消极懒惰、虚度时光，最终只能一无所获，理想也就只能是空中楼阁。我们不仅距离自己的目标越来越远，而且无法成为国家有用之才。

与其埋怨，不如改变。改变心态，改变做事方法，改变人生态度，原有的压力就不会成为负担。

四、观看视频，增强抗争意志

师：下面让我们一起来观看一段关于农夫与驴子的视频——（播放视频）

一天，某个农夫的一头驴子，不小心掉进一口枯井里，农夫绞尽脑汁想办法救驴子，但几个小时过去了，驴子还在井里痛苦地哀嚎着。

无奈之下，农夫决定把枯井填上。当泥沙落到驴子的背上时，驴子吓疯了，但几乎是同时又镇静了下来，停止了哀叫。每次土打到背上，它就用力抖掉，站到上面。不管土块打在背上有多疼痛，驴子就是不放弃。不知过了多久，这头筋疲力尽、伤痕累累的驴子终于走出了枯井。

师：关于这则故事，我们再来谈谈感想吧！

（预设：学生有的说，原来会埋葬驴子的泥土堆，最终却拯救了它；有的说，要有顽强的意志力；有的说，不向命运低头；有的说，要锲而不舍；有的说，学会变通思想，换个角度看问题；有的说，逆境中不要放弃，化不利为有利，获得重生；等等。）

师：同学们总结得很好。要能背着"壳"前行，还要有顽强的意志力，以及敢于同命运抗争的精神！在生命的旅程中，有时候我们难免会陷入"枯井"里，会有各式各样的"泥沙"倾倒在我们身上，但是，换个角度看，它们也是一块块垫脚石。而想要从这些"枯井"脱困的秘诀就是：锲而不舍地将"泥沙"抖落掉，站到上面去！故事中，那原本是埋葬驴子的泥沙，却被它抖落到脚下，变成了走出困境的阶梯。

综上所述，要实现背着"壳"前行，首先要有明确的目标，其次要有积极的人生态度，最后还要有顽强的意志力，以及敢于同命运抗争的精神！

五、交流感受，学会负重前行

师：我们生活在竞争激烈的社会里，常会感到压力从四面八方接踵而来，有些压力来自功课、生活，有些则是来自自己。当面对压力时，有人选择正面迎战，有人则选择逃避投降。前段时间，王欣同学情绪低落，每天无精打采，觉得压力很大，快喘不过气来。后来，经过大家的帮助和自我调适，王欣同学慢慢从过重的压力中走了出来，现在又做回了阳光女孩。下面就让王欣同学谈一谈自己的感受吧，让我们掌声欢迎。

（预设：同学们掌声欢迎王欣同学。）

王欣：我的压力来自很多地方，现在来自学业上的较多。父母、老师常常给我施以压力，他们每天让我读书，不能碰电脑，不能玩手机，总在耳边唠叨："你如果不好好读书，以后怎么找到好工作？"每次听到这些话，我总觉得好烦，压力不断增加。我抱怨学习任务太重，休息时间太少。后来通过老师和同学们的帮助，我恍然大悟。以前总以为自己的成绩还不错，不需要压力，可现在我知道了，没有学习压力的我，就如一只空木桶，随时可能翻倒。其实，不光我们学生有压力，我们的父母也有压力，他们的压力源于家庭的责任。他们忙碌在自己的工作岗位上，每天起早贪黑，只是为了生存，为了让我们过得更好一点。现在，我觉得压力并不是不好，压力能使人成长，人如果完全没有压力，是不会成长的。当然，有时候我也想向压力投降，但最后我还是选择跟压力抗争。我觉得有"适中"的压力会对自己比较好。有压力才会有动力，有动力才能坚持进步。在生活中，我们也应该处处给自己增加压力，大事小事都争取办好。从小磨砺自己的意志，给自己加些压力，从"雏鹰"成长为在天空中翱翔的"雄鹰"！

师：从古至今，压力处处都在。老师的批评，家长的责骂，同龄孩子的耻笑，这一切的一切让我们感到压力的存在，感到生活是那么枯燥无味。其实适当的压力对人的帮助是很大的。压力像压水机，压得越重，水流出来的就越多；压力像弹簧，摁得越低它跳得越高；压力像打气筒，越使劲出的气就越多。正是学习、工作、生活给我们每个人带来了压力，我们才能更加努力地向前进！

生于忧患，死于安乐。身处激烈竞争的现代社会，我们感到压力巨大，每天都神经紧绷，面对一个又一个挑战，生活似乎是一场战争，让我们想放弃。但我们同时应该看到压力让我们变得智慧，变得所向无敌。在压力下，我们会全力以赴，而不是随意而为。

这里有一个气球（拿出一个气球），给气球打气，给气球压力，气球才能充盈（轻轻地给气球充气），才能展示美好形象，但压力不能过大，过大就会爆。气球是能承受一定压力的，人也能承受一定的压力。正确面对压力，压力就会成为动力，进一步提高我们的能力；同样压力不能过大，过大了就会出事，就成了阻力。一个人的成长是需要适度压力的，只有存在压力，我们才能够不断进步，不断体会成功的喜悦，才能够健康快乐成长。我们应该感谢压力!

俗话说,人无压力轻飘飘。压力对我们来说其实很重要。现代社会,人人都在负重。处于学生时代的你们,压力其实不是很大,但有些人却不愿承受,找出各种理由放纵自己,还认为逃避是一种很好的方法。其实,这样只会让自己的心变得轻浮脆弱,让自己的人生颓废低落。在人生的道路上,聪明的人会变压力为动力,负重前行。愚蠢的人会被压力压倒,再也爬不起来。当我们面对生活与学业的双重压力时,不要害怕,不要抱怨,负重前行,才能强健,才能走得更远!

六、总结全课

师:同学们,雄鹰到达金字塔顶端,是靠着自己的天赋和翅膀飞上去的。而蜗牛到达金字塔顶端,只能是爬上去的。从塔底爬到塔尖,可能需要一个月、两个月,甚至一年、两年。但蜗牛只要爬到金字塔顶端,它眼中所看到的世界,它所收获的成就,就跟雄鹰是一模一样的。如果我们能留下一些让自己热泪盈眶的日子,那么我们的生命就没有虚度。

七、合唱歌曲《蜗牛》

师:人生是一个背着"壳"前行的过程。不管这"壳"有多重,希望同学们能够像蜗牛那样,化压力为动力,凭借自己的执著和自强,爬上自己心中的金字塔。同学们,让我们一起来唱响《蜗牛》吧,让勇于负重的精神伴随我们前进!

(播放歌曲《蜗牛》。在歌曲《蜗牛》的合唱声中,结束本节班会课。)

导入要精彩

我很喜欢这节课的开头。这节课的开头,胡老师给同学们讲了一个古老的传说:能够到达金字塔顶端的只有雄鹰和蜗牛。雄鹰靠的是翅膀,蜗牛靠的是坚持不懈的努力和厚重的壳。正是这看上去又笨又拙、有些负重的壳,才让这小小的蜗牛得以到达金字塔顶端。在登顶过程中,蜗牛的壳和鹰的翅膀，起的是同样的作用。

胡老师由此谈起，生活中很多人只羡慕鹰的翅膀，却很少有人在意蜗牛的壳。就像我们羡慕别人拥有某种天赋或特长，却整天埋怨我们身上要背负太沉重的"壳"一样。学生对此很感兴趣，一时议论纷纷。班主任便由此导入话题。

班会课的导入就像电影的开头，如果能紧紧拨动学生的心弦，那么学生就会迅速进入情境。

实践证明，视频导入法、歌曲导入法、故事导入法、漫画导入法、小品导入法、回顾导入法、游戏导入法、案例导入法、悬念导入法、问题导入法、新闻导入法、实验导入法、诗歌导入法、任务导入法都是有效的导入法，班主任可以根据不同的主题选择恰当的导入法。

班会课的导入没有固定的模式，理想的境界应该是让学生"意想不到"。班主任应通过巧妙的构思，使主题班会课一开始就吸引学生，引导学生步步深入其中。

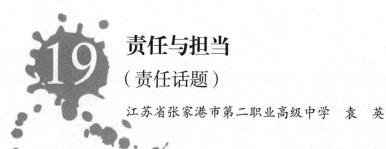

19 责任与担当
（责任话题）

江苏省张家港市第二职业高级中学　袁　英

在《中华人民共和国国民经济和社会发展第十三个五年规划纲要（2016—2020年）》中，"责任"一词共出现55次，另有9处内容与"责任"相关。这是以习近平同志为核心的党中央组织编制、推动实施的第一个五年规划，集中体现了一系列治国理政的新理念、新思想、新战略。习近平总书记是这样谈"责任"的：决胜全面建成小康社会的伟大进军，每一个中国人都有自己的责任……全党全国各族人民要拧成一股绳，以必胜的信心、昂扬的斗志、扎实的努力投身新的历史进军，朝着全面建成小康社会的宏伟目标奋勇前进。

但不少中职学生存在"重业务技能、轻道德修养"，"两耳不闻窗外事，一心只学工匠技"，"事不关己，高高挂起"，"得过且过"等现象。纪律意识松弛，生活自理能力差，遇事只顾自己，很少考虑到他人和集体；对父母长辈没有礼貌，对同学没有热情；对自己生活的环境不爱护，责任意识淡薄等等。因此，班主任应从对自己、对家庭、对他人和集体、对社会和国家等层面，鼓励学生勇于负责，敢于担当。

教育目标

1.通过视频，让学生进一步思考什么是责任，更好更深入地了解"有责任感的人"的内涵，以及做一个有责任感的人的重要性。

2.教育学生增强责任意识，从小事、从身边事做起，做一个对自己、对他人、对集体、对社会、对国家负责的人。

1. 指导学生收集有关责任的材料。
2. 收集学生中有责任感的事例。
3. 收集有关责任的名言警句。
4. 制作课件。

一、名言导入

师：同学们，你们知道"天下兴亡，匹夫有责"这一名言是谁说的吗？

（预设：学生回答，顾炎武。）

师：说得对。这是明末清初大学者顾炎武的名言。顾炎武不仅这样说，而且用热血和生命诠释了"匹夫有责"。可以说，这句话深深地影响了一代又一代的中国人。

二、分享责任的故事

师：现在请你们说说生活中有关"责任"的故事，解读"责任"的内涵。班长已作了准备。有请！

班长：我想介绍樊建川的故事。樊建川最初是开发房地产的，但是外界熟悉他，却是因为他的抗战文物收藏，特别是建川博物馆的建立。从 1978 年到 2008 年，在改革开放的 30 年里，他从一名普通的解放军战士到一名军校老师，再从一位政府官员到一位房地产开发商，最后又成为了一位博物馆馆长。他身份、角色的转变，只为了一个目标，建立博物馆。在博物馆游客接待中心的墙壁上，写着他的自白：为了和平，收藏战争；为了未来，收藏教训；为了安宁，收藏灾难；为了传承，收藏民俗。从这个故事中，请同学们谈谈主人公的责任感体现在哪些方面？

（预设：有学生回答，忘记过去就意味着背叛，为民族留下记忆，这就是责任；放弃亿万家产，舍私利成大义，为国家留下记忆，这就是责任；传承传统，继往开来，这就是责任；等等。）

师：班长作了很好的准备，同学们的讨论也很积极。看看谁还来作分享？

（预设：有同学介绍"人类灵魂的工程师"谭千秋老师：在"5·12"汶川地震时他以师者的本色展现了人民教师的职业操守，以自己的宝贵生命诠释了爱与责任的师德灵魂。有学生介绍最美妈妈吴菊萍：在千钧一发之际，把生死置之度外，一个生命因此而重生。母亲，只有母亲，才会迸发出如此惊天动地的能量。还有学生介绍故宫博物院院长单霁翔：上任后的5个月，他磨破布鞋20余双，走遍故宫9000多个房间。600年来，只有两个人做到：他和他的秘书。作为故宫博物院"看门人"，他甚至能准确地记得2001年故宫总文物的数量：1807558件（套），从百万位精准到个位数。他是隐藏在紫禁城的"扫地僧"，光2013年一年，他亲手捡起的烟头就有1000多个！他是最懂故宫的人，就是他，让历史的红墙碧瓦有了温度。等等。）

师：我们从正面列举了一些勇于负责、敢于担当的有责任感的故事，那么，接下来我们列举一些反面的例子，说说不负责任的恶果。

三、讲述不负责任的恶果

师：这里有一幅漫画，哪位同学说说其中的意思。

（源自网络）

（预设：学生回答，这幅画反映的是在一次手术后，患者躺在病床上，右腿被截掉了，绑着纱布。他一只手拿着"左腿截肢"的纸，一只手指着自己的左腿，大喊大叫，满头是汗。医生正在擦手，听到患者的喊叫转过头，惊讶地张大了嘴；写手术记录的护士歪着嘴，不知如何是好，难以下笔。）

师：同学对漫画内容作了生动的表述，下面请同学们说说这幅画反映了一个什么问题？

（预设：学生回答，这幅漫画反映了当下的社会问题，即某些医生对工作不负责任，做手术时出现了严重错误，给患者带来了巨大的身心伤害。）

师：如果说截错了腿，还只是给个人带来了不幸，那在重大工作上不认真负责，将会给国家和整个人类带来灾难。历史上，美国发射的一颗卫星，在组装时，由于组装人员将一颗比计划长了几厘米的螺丝钉拧了上去，当时认为无所谓。但在发射后，这颗螺丝钉引起了电路的短路，使整个卫星报废，损失了数亿美元。现在请同学们说说我们在课前收集到的有关资料。

（预设：有同学回答，我印象最深刻的就是《一点值万金》了。这篇课文讲的是乌鲁木齐从日本引进了一条挂面生产线，又花了18万元买了一批塑料袋，细心的人发现，"乌鲁木齐"变成了"鸟鲁木齐"，结果这批价值18万元的塑料袋变成了一堆废品。有同学回答，天津港"8·12"特别重大火灾爆炸事故，瑞海公司严重违反天津市城市总体规划和滨海新区控制性详细规划，无视安全生产主体责任，非法建设危险货物堆场，致使发生这起震惊全国乃至世界的大案。）

师：大家谈的事件，都造成了很大的损失，其中一个重要的原因，就是缺少责任心，通过正反两面事例的列举，我们应该明白：责任，比职位高贵，比生命宝贵，比金钱重要，是人们安身立命要恪守的信念。

四、掂量责任

师：一个人有了责任感，就拥有了至高无上的灵魂；一个人有了责任感，心中就如有一座山，不可逾越；一个人有了责任感，我们的生活才会精彩！

班级生活也是如此。如我们班劳动委员马嘉敏，对值日事务十分尽责，擦黑板、扫地、擦瓷砖等丝毫不马虎；生活委员谢晶，每周收集同学饭卡，根据充值金额，分门别类，送总务处充值，任劳任怨；"大力士"陶逸敏、戴钰洋，按时搬运纯净水，保证大家有水喝；各课代表，及时上交作业本和发放作业本，确保老师及时批改……

责任感，是指每个人对自己和他人，对家庭和集体，对国家和社会承担应有的责任和履行义务的自觉态度。通俗地说，就是责任意识和负责精神，就是做好自己分内的事，对自己所承担的事情尽心尽力，认真负责地完成。当自己承担的工作出现问题的时候，要勇于承担责任，不推诿。

五、学习名人言行

师：其实自古以来，责任感就一直被视为一种宝贵的品质。车尔尼雪夫斯基说：生命和崇高的责任联系在一起。梁启超说：社会尊重那些为它尽到责任的人。

现在请大家交流自己收集到的名家名言，了解名人们对责任的理解。

（学生可介绍以下名言：如邹韬奋的"自己无论怎样进步，不能使周围的人们随着进步，这个人对社会的贡献是极其有限的，绝不以'孤独'、'进步'为满足，必须负担责任，使大家都进步，至少使周围的人都进步"。如托尔斯泰的"一个人若是没有热情，他将一事无成，而热情的基点正是责任心"。如高尔基的"天才就是善于工作，热爱工作，对工作有责任心"。等等。）

师：大家说得很好。我也想和大家分享一个故事：

几年前，美国著名心理学博士艾尔森对世界100位各个领域中的杰出人士作了问卷调查，结果让他十分惊讶——其中61位杰出人士承认，他们所从事的职业，并不是他们内心最喜欢做的，至少不是他们心目中最理想的。

这些杰出人士竟然在自己并非喜欢的领域里取得了那样辉煌的业绩，除了聪颖和勤奋之外，究竟靠的是什么呢？

带着这样的疑问，艾尔森博士又走访了多位商界英才。其中纽约证券公司的金领丽人苏珊的经历，为他寻找满意的答案提供了有益的启示。

苏珊，如今已是美国证券业界的风云人物，在被调查时依然心存遗憾地说："老实说，至今为止，我仍不喜欢自己所从事的工作。如果能够让我重新选择，我会毫不犹豫地选择音乐。但我知道那只能是一个美好的'假如'了，我只能把手头的工作做好……"

艾尔森博士直截了当地问她："既然你不喜欢你的专业，为何你学得那么棒？既然不喜欢眼下的工作，为何你又做得那么优秀？"

苏珊的眼里闪着自信，十分明确地回答："因为我在那个位置上，那里有我应尽的职责，我必须认真对待。不管喜欢不喜欢，那都是我自己必须面对的，都没有理由草草应付，都必须尽心尽力，尽职尽责，那不仅是对工作负责，也是对自己负责。有责任感可以创造奇迹。"

这个故事告诉我们：唯有把工作当作一种不可推卸的责任担在肩头，全身心地投入其中，才是正确与明智的选择。正是在这种"在其位，谋其政，尽其责，成其事"的高度责任感的驱使下，他们才赢得了令人瞩目的成功。只要有高度的责任感，即使在自己并非最喜欢和最理想的工作岗位上，也可以创造出非凡的奇迹。

六、勇于负责，敢于担当

师：今天我们班同学还准备了情景剧《同学的名义》，请观看。并思考：如果你在他们身边，你想对他们说些什么？（学生上场表演。）

第一幕

（早自修铃响了，同学们纷纷拿出英语课本开始自习，课代表已经收好作业本。正在这时，一个学生背着书包匆匆走进教室。）

课代表："王强，你迟到了，快坐下，把你的英语作业本先交给我，然后复习英语课文第4课……"

王强（打开书包，没有找到英语课本和作业本）："都怪我妈妈，昨天忘了给我装好。"

课代表："哎，看来又得辛苦你妈妈来一趟学校喽！"

王强（走出教室打手机）："妈妈，你怎么给我整理书桌和书包的？我的英语课本和作业本都不在书包里，你赶紧给我送过来。"

班长（走来）："王强，我以同学的名义提醒你，自开学以来，这样的情况发生了多少次？你知道你身上存在的问题是什么吗？"

师：你知道这个同学存在的问题是什么吗？

（预设：学生回答，自己的事不能自己做，对自己不负责任。）

师：学生对自己的学习要负责任。出了差错就要勇于担当，而不是推卸或逃避责任。每个人首先要有自我管理能力，有良好的起居习惯，规律的作息时间，井井有条的做事风格。自立自强，不依赖别人。

第二幕

（教室内几个学生正在打扫卫生，一个学生的座位旁有废纸团。）

同学甲：你的座位底下有废纸团。

同学乙：（不吭声。）

同学甲：你怎么不捡起来！

同学乙：今天不是我值日。

同学甲：那你捡一下总可以吧。

同学乙：这又不是我的事，我才不干呢！

同学甲：刚才我们已经打扫过了，现在又出现了废纸团，可能是你掉的。再说即使不是你扔的，但在你座位下，为了保持班级的整洁，你也有责任和义务捡起来。

同学乙：你烦不烦？

同学甲：你可以不捡，但将心比心，你做完值日，别人把地弄脏了，也像你这个态度，你会怎么想？（说着捡起了纸团。）

师：上述同学的言行你觉得哪个做得好，哪个做得不得当？

（预设：学生回答，同学甲说得对，做得好；同学乙对集体不关心。）

师：在班级中，大家都是集体的主人。每一个班级成员都应当自觉承担起自己的责任和义务。参加班级和学校的各项活动，让别人了解你，接纳你，信任你。班级是大家的，我们一起建设它。

七、聆听家长寄语

师：下面有请家长代表给我们谈谈在家庭中我们应该承担的责任。

家长代表：孩子们，你们好！作为家长代表发言，我很高兴。在此，我向你们提出几点要求：首先，在家里孝敬长辈，做些力所能及的小事；其次，父母工作忙，生活压力大，陪伴你们的时间少，你们要有自控能力，不惹事，不冲动，听取父母的意见和建议，不让父母操心和担心；最后，努力学好文化知识，成为一个有修养、有作为的人。这是我们的希望，也是你们对家庭应承担的责任。

师：父母的爱比天地宽，比海洋深。家长的殷殷寄语，谆谆教诲，就是我们要承担的家庭责任。

八、朗诵梁启超《少年中国说》

师：著名学者梁启超先生对责任有过精辟的注解。他说：人，生于天地之间，而各有责任。一家之人各自放弃责任，则家必落；一国之人各自放弃责任，则国必亡；全世界之人各自放弃责任，则世界必毁。因此，我们要学会负责，对自己的言行、对自己的学习、对自己的生活承担相应的责任，同时学会对他人、对集体、对社会负责任。现在让我们高声诵读梁启超先生的《少年中国说（片段）》——（出示课件）

今日之责任，不在他人，而全在我少年。少年智则国智，少年富则国富，少年强则国强，少年独立则国独立，少年自由则国自由，少年进步则国进步，少年胜于欧洲，则国胜于欧洲，少年雄于地球，则国雄于地球。

九、总结全课

师：有责任感的人，可以化渺小为伟大，化平庸为神奇。责任感可以改变恶劣的现状，使我们充满激情地笑对困难，过关斩将，实现理想。实现中华民族伟大复兴的百年梦想，是需要有担当、有责任感的青年人来共同完成的。同学们，这节班会课，我们明确了责任的内涵，学习了名人对责任的阐释，对比了有责任感和无责任感的人对个人、他人、集体、社会和国家的利与弊，也畅谈了怎样做勇于负责，敢于担当的人，让我们自觉成为一个有责任感的人，去迎接生活的挑战吧！

点 评

善于借鉴电影、电视节目

本课中，学生情景剧表演的节目命名为《同学的名义》，赢得了大家的好评。原来这是巧妙借鉴了近期火爆的电视剧剧名《人民的名义》。

电视、电影以其画面生动形象、传播迅速为学生所喜欢。许多学生在第一次观看时就被深深地吸引。如果我们能把他们在电视机前、银幕前为之激动的场景变成生活中的真实再现，对他们来说是非常高兴、非常期盼的事。

很多年前，我就为电影《青春万岁》中一群热血青年在树林边点燃起篝火，在熊熊火光的映照下，朗诵长诗的情景而激动。我为自己未曾有过这样的生活而遗憾。我希望我的学生能够有这样的生活体验。当时我在初中任教，我便想在班级开展十四岁集体生日篝火晚会的活动，我把这一打算早早地纳入了工作计划。但是由于场地、柴火等多方面的困难，一直没能开展。但我还是不懈地努力，我想场地困难，就在教室开展吧；没有柴火，就在电风扇上扎上红绸子，接通电源，红绸子飘起来，篝火就燃烧起来了。我非常满意自己的"创意"。

于是，我向学生建议举办14岁集体生日篝火晚会，同学们报以热烈的掌声。但我说起我遇到的种种困难以及我的"精彩创意"，期待学生的再次欢呼时，同学们竟异口同声地说："不行，那是假的。"

我们为究竟应怎样开展活动而犯愁。这时有同学建议：搞活动时每个同学都准备一支蜡烛，在活动进入高潮时，大家点燃桌上的蜡烛，在摇曳的烛光中，全班同学朗诵长诗，表达对青春的礼赞、对理想的追求。大家都表示赞成，随后同学们积极投入，活动取得了出人意料的效果。

后来，我回想起这件事，觉得其实很简单。我想搞14岁集体生日篝火晚会，是我看了《青春万岁》这部电影后产生的激动；而学生提议搞烛光晚会，是他们在看了电视后受到的智慧启发。这种源于电影、电视的实践把心中曾经的感动变成了生活中的现实，变成了永恒的记忆。

电影、电视中不少精彩的活动易于模仿。像辩论、演讲、综艺、学科智力竞赛等，我们要做有心人，要善于学习。如组织学生话题讨论时，模拟中央电视台的《实话实说》活动；开展班级文艺联欢时，模拟湖南电视台的《快乐大本营》。这些活动学生都充满向往，能在教室"秀一把"，他们非常开心。

20 讲理，提升我们的素养

（人际交往话题）

辽宁省大连市烹饪中等职业技术专业学校　金花顺

拿破仑说：世上只有两种强大的力量，刀枪和思想。从长远看，刀枪最终总是被思想战胜的。这句话确实很有哲理。生活中遇到矛盾，是用拳头解决问题，还是用口舌、用道理解决问题？这对成长中的中职校学生具有现实意义。

中职校学生在生活中遇到矛盾时，很多人不懂得用讲理的方式解决，容易任性、冲动、感情用事，他们认为"拳头能解决问题"，"讲义气强过讲道理"，但伴随着成长，一些同学也有了讲理的意识，认识到讲理的必要性。作为班主任应引导学生认识讲理的重要性，学习和掌握讲理的方法，养成讲理的习惯。

教育目标

1. 知识目标：使学生进一步知晓在学校和社会生活中讲理的重要性，了解讲理的基本方法和技巧。

2. 情感目标：增强学生讲理的意识，感受讲理的必要性。

3. 行为目标：指导学生在校园生活中，学习用讲理的方法解决问题，养成讲理的习惯，不断提升个人素养。

课前准备

1. 收集典故。

2. 准备摄像机。

3. 学生排练情景剧。

4. 制作课件。

5. 下载背景音乐《夜的钢琴曲》。

教育过程

一、"讲理"释义入话题

师：同学们，今天的班会课，我们一起学习和探讨《讲理，提升我们的素养》。

何为讲理？讲理的字面意思是：1. 讲明道理。2. 服从道理，不蛮横。语出汉扬雄《法言·寡见》："说天者莫辩乎《易》，说事者莫辩乎《书》，说体者莫辩乎《礼》，说志者莫辩乎《诗》，讲理者莫辩乎《春秋》。"

这是一段文言文，哪位同学能翻译一下？

（预设：同学翻译不够理想。）

师：这段文字有点难度。意思是——（出示课件）

解说天地之间的道理，没有能超过《易经》的，解说事情秩序的没有能超过《尚书》的，解说礼仪的没有能超过《礼记》的，解说志向的没有能超过《诗经》的，（为人处世）解说道理的没有能超过《春秋》的。

同学们，《春秋》是一本什么书呢？

（预设：同学回答不够准确。）

师：《春秋》是一部编年体史书。孔子根据鲁国史官所编，加以整理修订，成为儒家经典之一。这本书里有很多有关古人讲理的有趣故事。

二、和颜悦色善说理

1. 说理成语大比拼。

师：同学们，你们都知道哪些有关讲理的成语？

（预设：同学回答，通情达理、以理服人、文质彬彬、知书达理等。）

师：请用大家提到的讲理的成语，赞美一下同桌吧，然后被赞美的同学说说自己的感受。

（预设：同学用讲理的成语，赞美了同桌。被赞美的同学说感受：很开心，很舒服，觉得自己有修养，等等。）

师：接下来，请同学们说说自己知道的不讲理的成语吧。

（预设：同学回答，蛮不讲理，蛮横无理，强词夺理，等等。）

师：当别人这样评价你时，你的感受是什么？

（预设：同学回答，不开心、很生气，等等。）

师：那么，讲理有什么好处呢？

（预设：同学回答，解决问题，形象变得美好，等等。）

师：讲理能使我们成为受欢迎的人。

2. 有理不在声高。

师：同学们，不讲理的行为有哪些呢？课前老师布置了情景剧排练，这节课我们一起来观看。（同学表演情景剧）

校园风波

（旁白：星期二中午，操场上，校园志愿者学生小刚正在捡垃圾的时候，学生小明把橘子皮扔在了离小刚不远的地上。可小明的身旁，就有一个垃圾桶。）

小刚（走上前）：同学，你的垃圾应该扔在旁边的垃圾桶里。

小明：扔了，怎么了！

小刚：我们都是学生，都有义务保护好学校的环境！

小明：学校这么多人，凭什么就让我保护，如果所有人都自觉，还要你们干吗！

（旁白：小刚和小明的争吵声越来越大，这时，校园志愿者小红来到了小刚身边。）

小红（笑着对小明）说：我今天也是志愿者，那我就为你服务，我等你把东西都吃完我再走。

小明：很好。

（旁白：小明很不服气，随手就扔了一个瓶子在小红的旁边，小红立刻捡了起来，同时小红用手撑着垃圾袋在小明的旁边等着。）

小红：还要扔吗？我会接着的。

（旁白：这时引来了不少同学的围观，大家纷纷指责小明的行为。）

小明（红着脸）：哎，我是有点过了。（并对着小刚说）不过你瞅瞅人家小红，再瞅瞅你。

小刚（笑了笑）：我有些着急了，不过你做得不对啊。

小明：是的。（对着小红说）谢谢你。

小红：没有解决不了的事，心平气和才能解决问题。

（旁白：因为小红幽默而机智的表现，避免了一场冲突，也说服了不讲理的小明。）

师：小红怎样说服小明的？

（预设：同学回答，小红幽默、机智，和颜悦色，善于说理，等等。）

师：那么我们遇到问题，该怎样说理呢？

（预设：同学回答，不能冲动，不能发火，要三思而后行，等等。）

师：遇到问题，要三思而后行。三思而后行，三思怎么思？要思你发火发怒是不是有道理，占没占住理；要思发怒、发火的后果；要思有无替代发怒、发火的方法，有没有好的解决办法。

在人际交往中，我们必须讲理。人们常说——（出示课件）

有理走遍天下，无理寸步难行。

一时强弱在于力，万古胜负在于理。

三、换位思考巧说理

1. 人字游戏。

师：我们一起来做一个游戏，请大家用两根手指，做一个"人"字给我看。（"给我看"要加重语气。）

（同学们比划"人"字造型，教师仔细看过去，摇摇头。因为很多同学比划"人"字造型是从自己的角度来做的。）

师：我要求做一个"人"字给我看。结果你们是做了一个"人"字给自己看。

（同学们恍然大悟。）

师：同学们，这个游戏给我们什么启示？

（预设：同学回答，懂得换位思考，要将心比心，等等。）

师：有时候，因为所处的角度不同，我们以为是正确的事物，在别人眼中恰恰是错误的；我们眼中看到的跟别人眼中看到的完全是相反的。这说明换位思考很重要。那么不懂得换位思考会有什么后果呢？

（预设：同学回答，把原本简单的事情越弄越复杂，一意孤行，等等。）

师：只考虑自己的想法，漠视对方的需求会引发很多冲突。说理时一定要换位思考，做到说话说得听者愿听，听话听得说者愿说。

2. 将心比心。

师：接下来，我们一起分享一个将心比心的小故事（出示课件）：

春秋时，有年冬天，齐国下大雪，下了三天三夜还没停。

齐景公披件狐腋皮袍，坐在厅堂里欣赏雪景，觉得景致新奇，心中盼望着再多下几天，则会更漂亮。

晏子走近，若有所思地望着翩翩下降的白絮。

景公说："下了三天雪，一点都不冷，倒像春暖的时候啦！"

晏子看景公皮袍裹得紧紧的，又在室内，就有意地追问："真的不冷吗？"

景公点点头。

晏子知景公没理解他的意思，就直爽地说："我听说古之贤君自己吃饱了要去想想有没有人饿着；自己穿暖了要去想想有没有人冻着；自己安逸了还去想想有没有人累着。可是，您怎么都不去想想别人啊！"

景公被晏子说得一句话也答不出来。

让我们模拟一下故事最后一句话"景公被晏子说得一句话也答不出来"的场景。

（预设：教师和同学模拟场景。）

师：故事的最后一句话，同学们感受到了"将心比心"说理的"威力"了吗？

（预设：同学回答，深刻体会、说得精彩等等。）

师：人际交往中，"将心比心"会给我们带来什么？

（预设：同学回答，人与人之间要多一些宽容和理解。）

师：换位思考是一种心理体验过程，将心比心，要求我们将自己的内心世界，与对方联系起来，从而与对方在情感上得到沟通，为增进理解奠定基础。

四、据理力争勇说理

师：接下来，给同学们讲一个外交官的故事（出示课件）：

1919年1月28日，美、英、法、日、中国在巴黎讨论中国山东问题。战败的德国将退出山东，日本代表牧野先生要求无条件地继承德国在山东的利益。

中国代表顾维钧听了，站起身面对其他四周代表问道："西方出了圣人，他叫耶稣，基督教相信耶稣被钉死在耶路撒冷，使耶路撒冷成为世界闻名的古城。而在东方也出了一个圣人，他叫孔子，连日本人也奉他为东方的圣人。牧野先生你说对吗？"

牧野不得不承认："是的。"

顾维钧微笑道："既然牧野先生也承认孔子是东方的圣人，那么东方的孔子就如同西方的耶稣，孔子的出生地山东也就是东方的圣地。因此，中国不能放弃山东，正如西方不能失去耶路撒冷一样！"

美国总统威尔逊、英国首相劳合·乔治和法国总理克里孟梭——巴黎和会的三巨头听完顾维钧掷地有声的声明，一起走上前握住他的手，称他为中国的"青年外交家"。

同学们，请你们说一说，顾维钧为什么能够赢得美英法三国首脑的赞赏？

（预设：同学回答，说话让人信服，据理力争。）

师：简单几句话，句句击中要害。以理服人最重要的一点是摆事实，出言有据，事实确凿，让对方的观点不攻自破。而对于那些强词夺理的人更要抓住关键，一语中的。

五、躬行践履练说理

师：同学们，讲理不只是一种智慧，更是一种习惯，而习惯是需要从小培养的。我希望通过在校的学习生活，你们能用讲理的方式解决问题，逐渐提升素养。下面有这样的情景思辨题，看我们该如何处理（出示课件）：

操作课上，小兵不小心将面粉撒在小雷的脚上，两人爆发了一场激烈的冲突。最后，两个人都被禁止上这节操作课。下课后，看见同学们做出了精美的点心，他们后悔不已。

小雷对小兵说："如果你及时道歉，我们也不会弄成现在这样。"小兵吃惊地说："你都没给我道歉的机会，你的反应太吓人了，我以为我道歉也没用。"

师：请同学们思考一下，这件事给我们什么启示？

（预设：同学回答，双方都要冷静，要将心比心，要善于说理，等等。）

师：在学校日常生活中，你遇到过类似的事情吗？

（预设：同学回答，遇到过，有些女生说话语气很凶，有些男生一言不合就动手。）

师：要说服一个人，语气的作用占70%，而内容只占30%，学会说话，事半功倍。一言不合就动手，这实在是太不讲理了！

（预设：教师与同学们目光交流，同学们表示认同。）

师：我们要避免发生这些冲突，学会和颜悦色、换位思考，养成讲理的习惯。老师还想问问，你们最不能容忍的行为有哪些？

（预设：同学回答，如体育课上故意犯规、顶撞老师、对别人提出无理的要求、不经过别人同意随意用别人的东西、拿别人的缺点开过分的玩笑，等等。）

师：己所不欲，勿施于人。希望我们能够将心比心。讲理，不仅需要明白道理，更重要的是认真践行。今天的班会，大家是否都有一个愿望——想成为一个知书达理、受欢迎的人？

（预设：同学回答，对。）

师：好，请大家调整到个人最舒服的状态，然后闭上双眼，注意调整呼吸，深深地吸一口气，然后慢慢地呼出。接下来，请跟随我的引导语，充分发挥你们的想象力，想象着你们最欣赏的人，现在慢慢地走到了你们的面前……

你们看看他（她）到底是谁呢？你们最欣赏他（她）的地方在哪里？如果现在让他（她）给你们一些建议，你们觉得他（她）会说些什么呢？请记住你们所想象到的一切。就像是拍电影一样，把它们都记录下来……

非常好，注意调整呼吸。接下来，我会倒数5个数，然后请大家慢慢地睁开眼。现在开始，5，4，3，2，1。请睁开眼。（同学们睁开眼。）

师：同学们，你们最欣赏的他（她）是谁呢？

（预设：同学说出××老师或××同学。）

师：你最欣赏他（她）的地方是什么？

（预设：同学回答，有亲和力、幽默，等等。）

师：他（她）给了你哪些建议呢？

（预设：同学回答，提醒我改掉坏脾气、做人要谦和，等等。）

师：同学们，我们心中有了榜样，那么如何制订一个让你怦然心动的行动计划呢？

（预设：小组讨论交流。同学回答，让自己变得随和、懂礼貌、学会说话等。）

师：希望同学们在日常生活中，从小事做起，养成讲理的习惯（出示课件）：

遇事冷静；

有话好好说；

学会换位思考，站在对方的角度考虑问题；

宽以待人，严以律己。

六、布置作业

师：今天的班会到这里就结束了，希望同学们在日后的学习生活中，学会讲理，提升素养。课后请同学们写出你最需要掌握或最喜欢运用的讲理方法，我们下次班会再作交流。

点　评

"老师常谈"要出新

生活中，难题有时就是常见话题。比如讲理话题，可以说是"老师常谈"的话题。老师常谈，一定要谈出新意才有效果。金老师就说理话题召开主题班会时，有两个显著的亮点。

1.条分缕析，结构出新。金老师先是由一段文言文的解释谈起，释义

"讲理"入话题，然后通过说理成语大比拼和"有理不在声高"，阐述"和颜悦色善说理"，再以人字游戏和将心比心的故事，引导学生明了"换位思考巧说理"，随后以顾维钧舌战日本外交官的事例鼓励学生"据理力争勇说理"，又设计情景思辨题，指导学生"躬行践履练说理"，最后总结全课，布置作业。从结构安排上，就可以看出老师面对讲理的话题，精心安排，"善"、"巧"、"勇"、"练"，条分缕析，明理践行，娓娓道来，颇有新意。

2.指导明确，方法出新。讲理的话题作为常见话题，如何突破，需要研究。金老师的这篇教案特别注重设计小活动，如成语比拼小游戏、情景剧表演、人字游戏等。这些活动简便易行，人人参与，又发人深省，寓教育于活动之中，可以收到良好的效果。

"老师常谈"的话题，既需要常谈，又需要常抓；在常谈常抓中，有新意才能有实效。

21 工匠精神助力青春梦

（工匠精神话题）

辽宁省大连市轻工业学校　杨克叶

设计背景

　　时代召唤热爱本职工作，专注于产品质量、精益求精的"工匠精神"。同美国、德国、日本等发达国家相比，"中国制造"还有很长的路需要走，实现强国梦，需要培养和造就一批又一批具有"工匠精神"的大国工匠。

　　处于青春期的中职学生对未来充满梦想，同时对未来也有着诸多迷茫。在专业课学习过程中，他们经常出现畏难情绪，缺乏严格、细致、认真、精益求精的态度。工匠精神必须从小培养，班主任应切实加以教育引导。

教育目标

　　1.引导学生把握"工匠精神"的内涵，了解本专业的发展前景与工匠精神的关系。

　　2.激发学生对所学专业的兴趣和热情，克服学习中的畏难情绪。

　　3.寻找发现身边的工匠精神，学习他人的优点，改正自身的不足，让工匠精神成为自己的行动追求。

课前准备

　　1.开展问卷调查，内容包括：你的梦想是什么？你认为"工匠精神"的内涵是什么？你喜欢自己的专业吗？你对于本专业有哪些了解？并对调查结果进行分析总结。

　　2.请专业课教师录制一段关于本专业应用及前景的视频，准备历年来我校学生参加省、市、国家级比赛的获奖视频及其作品。

3.准备李宗盛的短片——《致匠心》。

4.准备《我的未来不是梦》、《我相信》等歌曲。

5.准备彩色便笺纸若干。

教育过程

一、谈话导入

师：大家好！我们今天的班会题目是"工匠精神助力青春梦"。（背景为学生们事先在黑板上绘好的课题与图案）今天，我们不仅要了解工匠精神，还要聊聊我们的青春梦想。梦想人人都有，我们的习主席也有一个梦想，大家知道是什么吗？

（预设：学生回答，中国梦。）

师：大家说得很对！习主席的梦想是"中国梦"（课件出示），中国的强国梦，中华民族的复兴梦。现在的中国强大吗？是强大了。但和美国、德国、日本等发达国家比，我们还有距离。我们在生活中经常听到这样的话：开奔驰，坐宝马，家用电器西门子。很多同学以拥有苹果手机为荣；许多人不远千里去日本抢购智能马桶盖、电饭煲。而与此同时，"中国制造"却几乎成了劣质品的代名词。

造成差距的原因是什么呢？这是因为德国制造、日本制造、美国制造的背后都隐藏着这些国家人们敬业的态度和精益求精的精神！所以习主席的梦想要靠一大批高素质的技能型人才来实现，而我们就是未来的大国工匠！

习主席有他的"中国梦"，同学们也都有自己的精彩青春梦。通过课前的调查，几乎每个同学都希望自己能够拥有一份满意的工作，希望自己有能力照顾父母。那同学们的梦想要靠什么来实现呢？

（预设：学生七嘴八舌地议论。）

师：我这儿有一个法宝，它就是——"工匠精神"。大家经常听到这个词，但是了解它的内涵吗？

二、观看短片，领会"工匠精神"

师：下面就让我们观看一个短片——李宗盛的《致匠心》。这是一部跨界广告片，"匠心"一词备受关注，大概也是从那个时候开始的。这部短片不仅展现了新百伦（New Balance）的品牌精神，也让手艺人备受关注。大家在观看短片的时候可以仔细品味。（播放短片《致匠心》。短片简介：以独白和画面的呈现方式，展现了李宗盛30多年精心创作的心路历程和人生哲学。）

（学生观看《致匠心》。）

师：同学们，《致匠心》这部短片阐释了对匠心的理解，表达了作者制作作品的想法和态度。我们知道，李宗盛不仅是一名著名的歌手、音乐制作人，而且还专注于另一件事情——制作吉他。他在台北开了自己的吉他工作室，他亲手制作的吉他已经成为了许多音乐爱好者梦寐以求的乐器。从短片中，我们看到工匠在制鞋时，李宗盛在制作吉他的时候，是一种什么样的状态呢？

（预设：学生回答，专注，热爱，精益求精，等等。）

师：大家观察得非常细致，总结得很好！李宗盛在制作吉他的时候非常投入，非常专注。那这种态度就是他的"匠心"，也是我们所说的"工匠精神"！所以"工匠精神"的内涵是：热爱、专注、精益求精。

三、我的专业我热爱

师：同学们，我们现在知道了"工匠精神"的内涵首先是热爱，那么你们热爱所学习的数控专业吗？了解数控专业吗？（目光注视学生，停顿几秒。）

（预设：学生们有的说喜欢，有的说不喜欢。）

师：根据我们的调查，有些同学说确实喜欢数控专业，对此十分感兴趣，一定要好好钻研；有的说不了解数控专业，当初升学时是家人或朋友帮助作出的选择；还有一些同学说虽然喜欢但感觉很难，学不会。针对同学们的困惑，我事先邀请了我们的专业课老师录制了一段小视频，带领大家走进数控，了解数控。好，下面就让我们一起来走进数控的世界。（播放视频。

视频简介：通过专业课老师下工厂调研时拍下的照片和其他素材介绍数控专业的应用和前景，展示历年来我校学生参加省、市、国家级数控大赛的获奖情况和作品。）

（预设：学生们在观看视频时不时发出阵阵赞叹。）

四、听演讲，寻找身边的工匠精神

师：看完了这段视频，大家是不是觉得"工匠精神"有些遥不可及，只有少数人才能拥有呢？其实，我们身边就有许多做事精益求精、一丝不苟的同学，他们努力把工作做到极致。比如我们班的周超同学，前几天写了一篇关于"工匠精神"的演讲稿，参加了市中职生文明风采大赛并取得了一等奖的好成绩。下面就有请周超同学与大家分享他对"工匠精神"的理解！

（同学们鼓掌欢迎。）

周超：大家好！我的演讲是《匠技铸就职业梦想》——

中华上下五千年的悠久历史，承载了古老的文明、璀璨的文化和精美的技术。美丽的赵州桥、雄伟的龙门石窟、高大的乐山大佛等，这些巧夺天工的珍品令人叹为观止，它们是由古代的工匠用智慧和汗水建造出来的，集中体现了中华民族的工匠精神。

我对精工细作有初步了解和认识，是源于初中学过的一篇课文——《核舟记》。明代工匠王叔远高超的雕刻技艺令人赞叹不已。文中描述他能在径寸之木，雕刻宫室、器皿、人物，以及鸟兽、木石，罔不因势象形，各具形态，犹如被匠人施了魔法一般，令人啧啧称奇，久久不能忘怀。"核舟"上那些栩栩如生的人物形象和景物，展示了工匠精巧的技艺，至今仍刻在我的脑海中。

这种工匠精神一直传承着，发展着。新时期，工匠精神被赋予了新的内涵。我崇尚的工匠精神就是精益求精，追求卓越，传承弘扬，专心专注。它注重的不是所造出来的材，而是德，有德才能把事情做得完美。无数的匠人实例都彰显了工匠精神。他们在敬业精业的理念指导下，用精湛的技艺、高超的技能、严谨细致的态度诠释着工匠精神，推进了社会的发展和科学技术的进步。

给我留下深刻印象的是中央电视台播出的《大国工匠》节目，我忘不了那些普普通通的劳动者，他们在平凡的岗位上作出了卓越的贡献。其中我最崇拜的是给火箭焊"心脏"的"发动机焊接第一人"高凤林，他是一名技校毕业的最基层的焊工。他热爱航天事业，集非凡的胆识、严谨的推理、勤奋实践、立足本岗和刻苦钻研于一身，在焊接方面怀揣超人的独特技能攻克难关，实现的技术革新近百项，堪称是年轻技术工人学习的典范。他说："岗位不同，作用不同。心中只要装着国家，什么岗位都光荣，有台前，就有幕后。"多么简单的想法，多么高尚的情操，多么朴实的语言！他坚定了我的选择，让我对机械行业产生了情有独钟的迷恋。初中毕业后，我毅然地选择了职业学校，选择了数控专业。

数控实习时，走进宽敞、明亮、干净、整洁的车间，湛蓝色的机床屏幕上跳跃着串串数据，多功能的回转刀盘自动运转自如进出，粗糙的钢铁工件被加工成闪亮的产品，像一件件玲珑剔透的工艺品。看着师傅用娴熟的手法操纵着机器，看到机器在严格的指令下不差毫厘地工作着，我心里就想，以后我一定要成为一名高素质技术型人才，向那些大国工匠们学习，做数控专业的佼佼者。与此同时，我对"工匠精神"实质的领悟更加深刻。

追求精益求精、注重细节是对每一个数控操作工提出的基本要求。如果生产出的零件不符合要求，造成的后果将是与它有关系的零件都不符合标准。数控编程的时候，如果不能精益求精，哪怕是一个小小的错误，都会酿成大祸。一个小小的螺丝如果脱扣，零件直接报废，钻头折断，运转的机器会毁于一旦。由此可见，不认真的后果有多么可怕。作为数控人员一定要做到细心、细致、严谨和严密，不能放过任何一个缺漏。

追求完美和极致，守正创新是我对自己提出的努力方向。实训期间，我们的任务之一是加工零件。老师给我们讲了锉刀的种类以及使用方法：用锉刀的时候胳膊一定要端平，不要上下倾斜，否则加工出来的零件会参差不齐，不符合规格要求。为了保证操作规范，做出精准的产品，我严格要求自己，一丝不苟地对待每一件事情，规范地完成好每一道工艺。每一个零件、每一道工序、每一次组装，不出一点差错。大至细磨零件，小至清扫铁屑，不留下一点残渣。虽然仅仅上了两周的实训课，但我觉得收获很大。那就是热爱我的职业，尊重我的工作，用毕生的精力和全部的智慧来制造一件件工艺品。现在吃点苦头，不算什么，这是为了给未来打下基础，未来的路还很长，我需要一步一个脚印地走下去。无论以后遇到怎样的困难，我都会坚持到底，不会放弃，永不言败。

中国的工匠精神源远流长，伟大的匠师李春在恶劣的条件下，建造出中国第一座石拱桥。现在我们身处优越的环境，拥有精良的设备，我们还有什么资格不努力学习，不勇于创造呢？我选择了数控专业，就把它视为我生命中最重要的一部分。我要坚持不懈，认真钻研，做一个身怀绝技的数控人，用匠技铸就我的职业梦想。

我的演讲到此结束，感谢大家的倾听！

（同学们报以热烈的掌声。）

师：感谢周超同学的演讲！他让我们真切地体会到了精益求精的工匠精神。周超同学为了这次比赛，在语文老师的指导下几易其稿；为了达到预期的演讲效果，反复苦练。正是他这种精益求精的态度让他取得了最终的好成绩。其实我们班不仅有周超同学在践行工匠精神，许多同学都在践行工匠精神。比如说，我们班的团支书于忠鑫同学每天负责记录班级的操行成绩，事情烦琐，容易出错，可是整整一学期下来，从无差错，而且原始分条保留得十分完好。再如咱们班志愿服务小组的同学，常年负责教学楼水房的卫生清扫任务，工作量巨大，每天三次，而且人来人往，清理难度大。可是志愿服务小组的同学们，坚持按时保质保量地清扫，并且每次清扫后都上传照片，把每次的清扫成果看作自己的作品，精益求精，叫人挑不出一丁点儿的瑕疵。我想这也是我们班能够多次获得校流动红旗的重要原因。很多事情看似很简单，要做到极致却很难。但若是努力坚持下来，就一定会有所收获！我相信，拥有工匠精神的人必定会实现他们的精彩青春梦！

五、青春的足迹——我的未来不是梦

师：一份付出，一份收获。为了实现自己的未来梦，今天的你应该怎么做呢？同学们，就让我们针对自身的情况，为自己定下一个小计划或者是一个小目标，努力践行工匠精神，向着我们的青春梦想进发吧！请让我们把它写到这张纸上，然后贴到班级的展示板上，激励自己，给自己留下青春的足迹和奋斗的证明！

（发给学生事先准备好的彩色便笺纸，让学生们思考讨论并写下自己的行动计划，贴在班级的展示板上。播放伴奏音乐：《我的未来不是梦》。）

六、总结全课，勉励前行

师：同学们，今天的班会让我们懂得了"工匠精神"的内涵，看清了自己未来的专业之路，坚定了行动的决心。我相信，未来拥有"工匠精神"的你们一定会实现自己的精彩青春梦！（播放歌曲《我相信》，全体合唱，班会在歌声中结束。）

点 评

搞好调查

这节课在课前准备阶段，班主任开展了专项调查。主题班会课要增加针对性，开展调查是有效的方法。

调查可以在课前进行，也可以在课上进行。课前的调查时间准备比较充分，班主任可以进行统计分析，制成调查结果示意图，给同学们分析。课上的调查时间则相对有限，但具有现场感，有助于研讨问题的推进。

调查一般由四到五个选项组成，这样话题比较集中，也易于操作。不过现在流行"微调查"，"微调查"常常只是一个选项，聚焦关键问题。

有时调查还可以用测试题的形式。对测试答案的揭晓，应调动学生的关注度，由少数到多数，由低分到高分逐一介绍。

要搞好调查，班主任可以多向网络学习。人民网、凤凰网等不少知名网站经常开展调查活动，许多题目的设计贴近生活，聚焦问题，可供我们参考。

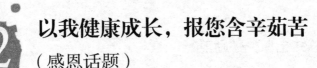

22 以我健康成长，报您含辛茹苦
（感恩话题）

辽宁省大连交通技师学院　杨德旭

课前准备

《中等职业学校德育大纲（2014年修订）》指出：学校要充分发挥主导作用，与家庭、社会密切配合，拓宽德育途径，实现全员、全程、全方位育人。在中职校学生教育工作中，家庭是很重要的环节，和谐的家庭环境对学生的健康成长具有很重要的作用，而孩子与父母之间的关系是创建和谐家庭的重要因素，良好的家庭关系可使孩子形成正确的世界观、价值观和人生观，促使孩子以积极的态度面对生活、规划未来。

中职校学生正处于青春期，不少学生与家人的沟通和交流比较少，经常漠视家人的关心，厌烦家人的唠叨，再加上部分学生家庭中存在着一些特殊的情况等因素，导致孩子与家人之间的关系特别紧张。所以让孩子与家人相互理解，懂得感恩，同时让双方走进彼此的内心，深入了解，加强沟通是十分重要的。

教育目标

1. 通过交流，让家长与孩子借助书信说说心里话，促进孩子与家长之间的相互理解，让孩子们懂得感恩父母。

2. 指导学生用自己的行动帮助家人分担一些力所能及的事，用实际行动向家长证明自己的感恩之情。

1. 提前和家长委员会讨论本次班会。同时了解一些特殊家庭的信息，在设计班会时避免特殊家庭对孩子的不利影响。

2. 召开家长会，告知活动安排，向家长介绍以往家长中写得好的"给孩子的一封信"。征得每位家长的同意，收集各位家长给孩子们的信件及工作照。告知各位家长照片要被做成一份微秀在班会时播放，同时提醒生活条件较好的家长，拍摄时背景要朴素，避免学生攀比。对特殊家庭，比如家庭关系紧张的，或家长不愿意写信，班主任或任课老师可给学生写一封信。

3. 准备背景音乐以及歌曲《父亲》。

4. 在不影响课推进的基础上室内光线可以暗一些。一是考虑开班会时，有些学生会流泪，不想被他人发现，这样可尊重学生的情感流露；二是有助于氛围营造，使学生投入其中。

5. 室内的每一张桌子之间适当拉开距离，摆放整齐。

教育过程

一、读信导入

师：前些天，老师收到一封信，是一位母亲写给孩子的信。征得这位母亲的同意后，老师也阅读了这封信。读完后，感慨万分，忽然意识到，我们和父母家人，已经很久没有坐下来好好聊聊天了。其实，他们有很多话想对我们说。我征得了这位母亲和她孩子的同意，现在让我们来听听这位母亲写了什么，好吗？

（预设：学生回答，好。）

（邀请这封信的接收者××同学读信。背景音乐起，××同学深情地诵读。）

亲爱的宝贝：

算来，咱们母子之间已经有很长时间没有坐在一起聊天了吧？从你上初中住校以后，咱们再也没有了朝夕相见的日子。孩子，你知道这种日子刚开始时，妈妈有多难受吗？我依稀记得你住校的第二天早上，妈妈像往常一样，被闹钟吵醒后，睡眼惺忪地朝你的卧室走去。边走边大声地喊你起床，可是，当我打开你房门，看见床上的被子整整齐齐地叠在那的一瞬间，我的心空落落的，四点才下夜班的我，再无一丝睡意……一整天，我没吃一口饭，因为你不在，我觉得吃什么都没有味道……

好不容易熬到晚上八点，等你下了晚自习，我迫不及待地打通了你的电话。我怕你换了地方睡不好，我怕食堂的饭菜不合你的胃口，我怕不善交流的你被新同学嘲笑，我怕……我怕的太多，所以我一项项地问，一遍遍地告诉你这个该怎么做，那个该怎么做，而你终于忍受不了了，不耐烦地说了句："妈，我不是小孩子了，你别啰唆了行吗？"便挂了电话。一时间，我竟不知所措，却又不敢再给你打电话，那天晚上，我像丢了魂一样，无精打采。

不能经常打电话找你，我便只能等，等你打电话给我，等你周末回家。你打电话经常是让我准备一些东西或者是再给你打点生活费，这些我都不在乎。只要能听见你的声音，知道你一切都好，我便心满意足了。周五下午，我一定会请了假早早地回家，为你做一桌子的好饭菜。可是很多时候，你一回家，就说有同学找你出去玩，不在家里吃了。

望着一桌子的饭菜，我只能安慰自己说，能回家就行……

就这样，咱母子俩周而复始地度过了三年。如今你在新的学校里，也已经有半年的时间了。人们都说很多事，慢慢地能变成习惯，但对于你的事，我并不这么认为。孩子，如果可以，希望你能多给妈妈打几个电话，周末回来的时候，能多在家里给妈妈讲讲你在学校里的事情。你要知道，你是妈妈工作的动力，为了你能成才，再苦再累，妈妈都觉得没有问题。

就到这里吧，又唠叨了很多，只是希望你一切安好！

爱你的妈妈

××××年××月××日

（预设：学生们可能陷入沉思，有的学生可能没有忍住，悄悄地流下了眼泪。）

二、见字如面

师：一封来自母亲的信，让我们忽然意识到，原来我们忽略养育我们的父母太久了，养育恩，比海深。其实今天，并不是只有××同学收到了来自母亲的信，今天，我们班的每一个人都收到了一封来自父母的饱含深情的信，大家想看看父母给你们写了什么吗？

（预设：学生回答，想。）

师：下面，就由老师把父母的信转交给大家，好吗？

（预设：学生回答，好。）

（拿出家长们写的信，班主任庄重地交到每一位孩子的手里，孩子们轻轻拆开，品味父母藏在心里许久的话。）

三、你不曾见

师：刚刚读完来自父母的信，孩子们，或许你们现在心里微微地发烫，或许你们已经明白，原来，父母是这么得爱我！其实，父母为了你们，真的已经竭尽所能了，父母的劳累，或许你们不曾见过，今天你们想看看吗？

（预设：学生回答，想。）

师：其实，原本老师是想让每家的家长拍一个简短的小视频，但是好多家长跟我说，面对镜头，他们有些不习惯。所以老师收集了一些照片，下面让我们来好好看一看，在我们不曾看见的地方，我们的父母为了我们有多拼。

（教师打开做好的微秀，伴随着音乐，孩子们的父母在自己的工作岗位上的照片逐渐展现出来，有满手机油正在生产线上的父亲，有在销售岗位上面带微笑的母亲，有开着出租车竖起大拇指的父亲，还有正在默默扫地的母亲……）

师：看见了吗？孩子们，他们可能不时尚，不前卫，甚至面对镜头还会有点紧张，可是他们为了你们，不畏风雨严寒，不怕走南闯北。孩子们，看到这里，你们还觉得父母真的不懂你们，不爱你们吗？其实，老师想说，他们或许只是因为工作太累，或许是想给你们更好的生活，才忽略了与你们的交流，但这一切都是为了能让你们健康成长。在他们心里，你们永远都是那个最重要的人，你们说是吗？

（预设：学生并没有响亮地回答，而是陷入了沉思之中。）

四、相忆时，爱依在

师：读了这么多，也看了这么多，我相信，每个人心中都会浮现出父母对我们曾经的种种好，那么现在让你们用 3 分钟的时间，静静地，回忆起那些属于你们和父母之间的相亲相爱的时光，好吗？

（预设：学生回答，好。）

（配合着温情的背景音乐，大屏幕上掠过一张张感人的照片，学生们打开封存已久的记忆，回忆起与父母家人相处的美好时光。时长 3 分钟。）

师：现在相信大家已经想起了很多与父母相处的美好时光了，那么，谁能和大家分享一下，你与父母之间最难忘怀的时光？

（预设：学生们和大家分享，父母第一次带自己去游乐场；父母百忙之中第一次请假陪自己过生日；和父母因为一些事情大吵一架，之后鼓足勇气站在他们面前诚恳地道歉；因为生病，父母几天几夜地守候在身边；遇到挫折委屈时趴在父母怀里放声大哭后的贴心交流……）

五、养育恩，何以报

师：我们分享了这么多与父母的故事，知道了父母的不易，更知道了在他们心里，我们永远都是那个最重要的人，永远都是那个他们最在乎的人，这似海深的哺育之情、养育之恩，我们该如何回报呢？

（预设：学生踊跃发言。有的学生说要理解父母，他们为了我们能健康成长而不辞辛劳；有的学生说要为家长多分担一些家务；有的学生说自己要更加懂事，不让父母操心；有的学生说要用优异的成绩回报父母……）

师：大家说得太好了！是啊，父母为了我们不辞劳苦，起早贪黑，我们确实应该报答他们。但是现阶段的我们，没有参加工作，没有稳定的经济收入，无法从物质上回报他们，但是，我们可以用实际行动让他们看到我们长大了，我们懂事了（出示课件）：

第一，在学校，我们好好学习，与同学友好相处，不让父母操心。

第二，在家里，我们尽自己所能，帮父母做一些家务活。

第三，学会与父母沟通交流。遇到困难了，多向父母请教；开心的时候，学会与父母分享；生气了，学会咽下已经跑到嘴边的气话，放轻手上关门的动作。

第四，学会关心、理解父母。看见他们累了，为他们送上一杯水、做一顿饭；看见他们开心，我们也乐在其中；看见他们难受，我们要立马跑过去安慰……

这一切的一切，其实都在向我们的父母传递一个信息——你们的孩子长大了，懂事了，也理解你们了。因为有你们，我将健康快乐地成长，你们，放心吧！

六、成长路上，感谢有你

师：孩子们，通过这节课，我们已经知道父母是多么爱我们，多么不容易，那借着此时温热的心，下课后或者放学后我们写下一封信，亲手送给我们的父母，让他们知道他们的含辛茹苦没有白费，我们正在朝着他们希望的方向前进，好吗？

（预设：学生回答，好。）

师：从今天开始，就让我们一起努力为父母分担一些力所能及的事，可以吗？

（预设：学生回答，可以。）

师：好，让我们用一首《父亲》来结束本次班会，让我们用健康的成长，报答父母的含辛茹苦吧。

（在《父亲》的歌声中结束班会。）

点　评

发挥家长的作用

要做好班级工作，有人提出建设三个集体的主张，那就是要建设班集体、建设教师集体、建设家长集体。我非常赞同这一主张。

但在实践中，老师们比较重视班集体和教师集体的建设，对家长集体的建设不够重视。其实，要搞好家长集体建设并不难。只要做好五件事就可以了。（1）搭台子。班主任要帮助组建家长委员会，让家长有自己的组织，有自己的头。（2）制订计划。班主任为家长委员会开展哪些活动出谋划策。制订好计划，就有了行动方案。（3）开好会。家长委员会应定期召开会议（见面或网上均可），研究工作。（4）搞活动。活动不要很多，一学期七八次，要细水长流。（5）作总结。工作要有始有终。总结时要表扬先进。

学校开班会课时，要选择与家庭教育相关的题材。本课的选题就注意了这一点，理解父母，懂得感恩。"提前和家长委员会讨论本次班会。同时了解一些特殊家庭的信息，在设计班会时避免特殊家庭对孩子的不利影响。""召开家长会，告知活动安排，向家长介绍以往家长中写得好的'给孩子的一封信'。征得每位家长的同意，收集各位家长给孩子们的信件及工作照。告知各位家长照片将被做成一份微秀在班会时播放，同时提醒生活条件较好的家长，拍摄时背景朴素，避免学生攀比。对特殊家庭，比如家庭关系紧张的，或家长不愿意写信，班主任或任课老师可给学生写一封信。"这样充分的准备，保证了班会的成功。

而通过同学读信导入，全班阅读父母的信，观看班主任精心制作的家长秀，回想父母的操劳，让孩子们感受父母的爱。

当然如果邀请家长代表走进教室，直接参加这节课，也许效果会更好。这样的活动扎实地开展，对加强家校协同、建设家长集体，无疑有着重要的作用。

23 我是大明星
（班级技能比赛话题）

辽宁省大连瓦房店师范学校　李　宇

设计背景

　　《中等职业学校德育大纲（2014 年修订）》提出中等职业学校德育要"坚持以人为本、德育为先、能力为重、全面发展"。德育目标中明确要求培养"敬业爱岗、诚信友善，具有社会责任感、创新精神和实践能力的高素质劳动者和技术技能人才"。技术技能是学生服务他人、奉献社会的谋生之本、发展之道。

　　当前大多数中职学生思维活跃，信息摄入量大，个性发展和成长需求多元化，但个体成长状况良莠不齐。部分学生因为学习基础薄弱、纪律观念涣散、行为习惯欠佳，导致学习倦怠、缺乏自信、技术技能不强。但也有学生注重学习，刻苦练习，技术技能不断增强。本次拟通过"我是大明星"系列主题班会，鼓励学生崇尚实践、互相学习、提高能力、健康成长。

教育目标

　　1. 为学生提供交流、展示技术技能的平台，助力学生提升专业技能，提高实践能力。

　　2. 通过活动增进学生间的相互了解，发挥同伴教育的优势，互相学习，取长补短，合作共进，增强班级的凝聚力和向心力。

课前准备

　　1. 开学之初召开班委会，讨论确定班级技能大赛项目，制定评选规则及奖项（朗读者、超级演说家、金话筒、舞蹈家、演奏家、智多星、毛笔高手、钢笔高手、粉笔高手、大画师、电脑天才等）。

2. 随后向学生作动员，给学生必要的准备时间。尤其要动员平时成绩一般、信心不足的同学。根据报名情况进行赛项分类并准备好相应材料及用品，可分为舞台表演类和非舞台表演类。［舞台表演类包括：口才类、音乐类、体育类（户外展示）；非舞台表演类包括：书法类、绘画手工类、课件制作类。非舞台表演类作品需提前制作并评选好，届时通过ppt或电子相册进行成果展示即可。］每项比赛人数原则上不加限制，非舞台表演类比赛可利用课余时间或与学科教学相结合。本课为朗读者大明星评比，根据班级实际情况和课时限制，设定人数为8人。

3. 确定主持人，编写主持词；班长和团支部书记负责收集同学日常学习和生活照，准备非舞台表演类作品的照片，制作统计成绩时要展示的3分钟的电子相册；生活委员准备便利贴、奖状和奖品；宣传委员准备相机，拍摄活动照片。

4. 邀请有关老师和学生会部长参加班会并担任评委。（如：口才类邀请语文老师、英语老师、学生会校报部部长；声乐类邀请乐理老师、钢琴老师、学生会文艺部部长等，邀请的评委都是专业指导教师和学生中技能优秀的人。本课邀请口才类评委。）

5. 教室所有桌椅围成U形，U口朝向黑板，中间部分为展示舞台，用彩纸不干胶贴在舞台中间做出星形，五个角上分别写出"我是大明星"。多媒体设备展示班级集体照片作为背景，黑板上写：我是大明星主题班会，插画点缀英文We are super stars。

6. 班级文化墙开辟新主题"星天地"专栏，准备展示获奖同学的照片和宣言。

教育过程

一、开场：千里之行始于足下

甲：敬爱的老师！

乙：亲爱的同学们！

合：大家下午好！

甲：花开花落，踏着时光车轮，我们已是中职学子。

乙：驻足观望，竞争日益激烈，我们即将步入职场。

甲：作为当代中职学生，我们要思考未来。在机遇与挑战并存的未来社会，专业技能最宝贵。

乙：不积跬步，无以至千里；不积小流，无以成江海。专业技能积累需要一个过程，没有今日勤学苦练，哪有明日甘甜欢畅的成功！

甲：入校以来，我们始终围绕教师必备技能扎实学习。今天，我们就借班会来展示每个人的专业技能吧！

乙：吹拉弹唱尽情演，琴棋书画尽情来！英汉双语都可有，八仙过海显神通！

甲：今天，就在这里，我们班级将圆每个人一个明星梦！拭目以待！

乙：下面我宣布，"我是大明星"主题班会现在开始！

二、宣布比赛规则：没有规矩不成方圆

甲：根据师范生应当具备的职业技能，结合同学们的报名情况，我们将比赛分为六大类，如表4所示：

表4　比赛分类

教师职业技能	训练考核内容	授予称号
口才类： 语言表达技能	（1）讲故事 （2）演讲（可双语） （3）朗读文章	故事大王 超级演说家 朗读者
音乐类： 音乐表现技能	（1）唱歌 （2）儿童舞蹈 （3）乐器演奏（钢琴、葫芦丝、长笛等）	金话筒 舞蹈家 演奏家
体育类： 体育表现技能 （户外展示）	（1）口令指挥（队列队形） （2）儿童游戏	最高指挥官 智多星
绘画＆手工类： 美术表现技能	（1）简笔画或素描 （2）手工作品	大画师 巧手达人

教师职业技能	训练考核内容	授予称号
书法类： 汉字书写技能	（1）毛笔字 （2）钢笔字 （3）粉笔字	毛笔先生 钢笔先生 粉笔先生
课件制作类： 现代教育技术技能	教案及课件制作（PowerPoint）	电脑天才

乙：我们是多才多艺的，因为时间关系，今天这节课我们将进行口才类"朗读者"的展示和评选。朗读是每个教师必备的专业技能。大家都看过央视《朗读者》节目，老师也为我们推介了每一期《朗读者》的书单，同学们也都跃跃欲试，想要感受一番，今天我们就为大家提供这样的平台，看看谁是咱们班当之无愧的"朗读者"。

甲：没有规矩，不成方圆，下面，请允许我宣布比赛规则：

1. 普通话朗读，声音响亮圆润，计 1 分。

2. 内容完整，主题集中，连贯流畅，层次清晰，计 2 分。

3. 感情饱满自然，富有感染力，恰当停顿，有节奏感，语言技巧处理得当，语速恰当，语气、语调、音量、节奏张弛符合思想感情的起伏变化，计 2 分。

4. 表演者精神饱满，适当运用眼神交流，能较好地运用姿态、动作、手势、表情，表达对文字的理解，计 2 分。

5. 所表达内容具有较强的吸引力、感染力和号召力，能较好地与听众感情融合在一起，营造良好的视听效果，计 2 分。

6. 时间控制在 3 分钟以内，计 1 分；不要超时，超时扣 0.5 分。

总计 10 分，内容由选手自定，比赛顺序由选手赛前抽签决定。参赛选手比赛结束后，将由评委逐一打分，分数保留到小数点后两位。按最后的平均得分记成绩排名。

三、比赛进行时，快乐大比拼

甲：下面，让我们进入今天最激动人心的环节，快乐大比拼！

乙：在大家报名之初，根据比赛规则和时间规定，报名选手对所选择的朗读内容进行了调整。下面就让我们逐一欣赏同学们的朗读吧！

甲：遇见是美好的相逢，让人难以忘怀。读书，是为了让我们遇见更好的自己。遇见是一种缘份，遇见是一种小幸运。我们人生中的第一次遇见，是与父母的相遇，遇见我们，父母会有什么样的感想？下面有请1号选手，为我们带来《愿你慢慢长大》。

（1号选手上场表演。）

乙：请评委打分。

我们每个人的一生都会经历很多个独一无二的"第一次"，我们第一次住校，第一次相遇，第一次参加朗读比赛。正是因为第一次给了我们一个开始，才有了我们今后的无数个复制、积累和有所成就。接下来有请2号选手，为我们带来《感谢上天让我遇见你》。

（2号选手上场表演。）

甲：接下来请评委打分。

有人说，选择是一种智慧，人生是一次不断选择的旅程，选择是一次又一次自我重塑的过程，让我们不断地成长，不断地完善。青春期我们的叛逆，让多少父母头疼又枉然，如果我们的父母能这样选择，我们会多么心安和释然。下面，请聆听3号选手带来的《一封信》。

（3号选手上场表演。）

乙：接下来请评委打分。

父母给了我们生命，但为了生计，他们往往很忙，我们大多是由姥姥和奶奶带大的。同学们，咱们现场作一个调查，由姥姥带大的请举手。我想问问大家，姥姥带着我们长大，我们有什么感受呢？下面，让我们共同聆听4号选手带来的《姥姥语录》。

（4号选手上场表演。）

甲：请评委打分。

世界因为陪伴而幸福。因为有了老师的陪伴，我们的住校生活依然温暖；因为有了朋友的陪伴，我们才不会孤独；因为有了父母的陪伴，我们才会变得坚强和勇敢。接下来有请5号选手，她带来的是《不为什么》。

（5号选手上场表演。）

乙：接下来请评委打分。

家，总能给我们以温暖、幸福和安全感。住校学习，我们最心心念念的就是家，最想念的就是爸爸妈妈。你可知爸妈对你有多牵挂。下面，让我们掌声有请 6 号选手为大家朗读《猜猜我有多爱你》。

（6 号选手上场表演。）

甲：请评委打分。

家是最小国，国是千万家，有国才有家！

乙：爱国荣校是我们义不容辞的责任。虽然现在我们还很稚嫩，但我们要注重技能培养，积累本领，有朝一日为国为家作贡献。当然，前进路上或许会遇到各种艰难险阻，这就需要我们鼓起勇气，自信一些，努力一些，跨越困难，迎接未来！下面，请大家欣赏 7 号选手为大家带来的《给我们的孩子》。

（7 号选手上场表演。）

甲：请评委打分。

说到"告别"，很多人都会伤感，但是有的"告别"，是为了遇见更好的自己。告别坏习惯，养成好习惯；告别幼儿时期的稚嫩，我们才能成长成熟。下面请大家聆听今天最后一位选手的朗读，他带来的是自己的文章《和〈王者荣耀〉说拜拜》。

（8 号选手上场表演。）

乙：请评委打分。

工作人员正在紧张地计算成绩。这个空隙，我们还有一份精彩要和大家一起分享。因为比赛类别不同，我们的粉笔字、毛笔字、钢笔字、板报、课件、手工作品及绘画作品在此前已经评选出来了，下面，让我们通过电子相册来感受和欣赏吧！

（播放电子相册。电子相册生动介绍了班级粉笔字、毛笔字、钢笔字、板报、课件、手工作品及绘画作品的比赛过程及获奖作品。时长约 3 分钟。）

甲：紧张的角逐过后，结果已在我的手中！下面，让我们有请 ××× 老师（相应的专业课老师）公布比赛结果并作精彩点评，大家鼓掌欢迎！

（××× 老师公布比赛结果，并对比赛情况作简要的点评。）

乙：现在我们的大明星已经产生！热烈恭喜我们班的 ×××、××× 获评"朗读者大明星"荣誉称号！让我们将他们的照片贴在教室后的"星天地"上！同时请校学生会学习部部长为他们颁发奖品和荣誉证书！

（校学生会学习部部长为获奖同学颁发奖品和荣誉证书。）

甲：生命就像一张白纸，等待着我们去描绘，去谱写。有技能又自信的未来，必将是绚丽的。

乙：如今，身为中职学生的我们，在宝贵的日子里，要抓紧时间，多学一些技能来充实自己。人的一生只有一次，有了目标和规划，才会有动力。

甲：其实，每个人心中都有一座山峰，雕刻着理想、信念、追求和行动。每个人心中都有一片土地，承载着播种、耕耘、施肥和收获。

乙：一个人，若要获得成功，必须拿出勇气，付出努力。成功，不相信眼泪；成功，不相信颓废；成功，不相信幻影。成功，只垂青充分准备、充分付出的人！

甲：自信是成功之本！人才吃香，技能宝贵，未来，掌握在自己手中。

乙：三分天注定，七分靠打拼，爱拼才会赢！

合：祝福我们前程似锦！

四、齐唱歌曲《相信自己》

（齐唱歌曲《相信自己》。此时 ppt 展示播放班级每个同学的头像拼图、集体活动照片、日常生活照片。）

五、结束语

师：亲爱的同学们，我为你们自豪！朗读，是一种美的享受，是一种智慧的交融，也是我们每一位未来教师的必备技能。今天的班会让我眼界大开，我被一颗颗闪亮的新星震撼，你们不愧是大明星。

首先，大家用自己扎实的基本功朗读，或朗读经典名篇，或分享自己的故事，有感悟，有成长，展示了新时期中职学生的风采。让我感动和欣慰的是，在师范学校近两年的学习，大家成长成熟了许多，专业技能提升不少。我们用实际行动诠释着一个不变的事实：实践提升技能，技能决胜未来！作为职业学校的学生，技能、实践能力和自信自强的良好品格是成就我们美好未来的核心竞争力。

其次，国家非常重视中职学生的未来发展，采取了许多措施，为我们提供了更好的机会。如果我们学好技能、拥有本领，将来一定会拥有幸福的人生。

通过专业技能比赛，我看到了同学们更多的闪光点，"一枝独放不是春，百花齐放春满园"，大家要互相学习，共同成长！

你们，是我的大明星，期待你们在人生更广阔的舞台上绽放新的光彩！

课前准备很重要

班会课怎样开才有实效？课前准备很重要。李老师这节课的课前准备就相当充分。

"我是大明星"班级技能比赛怎样才能吸引同学关注？怎样有助于调动学生的积极性？怎样才能有效地开展？必须作好课前准备。

首先，认真设计班级技能大赛项目。在开学之初李老师就召开了班委会，讨论确定班级技能大赛项目，制定评选规则及奖项（朗读者、超级演说家、金话筒、舞蹈家、演奏家、智多星、毛笔高手、钢笔高手、粉笔高手、大画师、电脑天才等）。这些比赛项目的确定是根据学生的学习特点和职业发展需要确定的。

其次，巧妙安排班会课比赛项目。根据报名情况进行赛项分类，将赛项分为舞台表演类和非舞台表演类。舞台表演类分为口才类、音乐类、体育类（户外展示）；非舞台表演类则分为书法类、绘画手工类、课件制作类。非舞台表演类作品提前制作并评选好，通过 ppt 或电子相册进行成果展示。每项比赛人数原则上不加限制，非舞台表演类比赛利用课余时间或与学科教学相结合。本节班会课为口才类比赛——朗读者大明星评比，根据班情和课时限制，设定人数为 8 人。在比赛评比的间隙，播放电子相册，介绍班级粉笔字、毛笔字、钢笔字、板报、课件、手工作品及绘画作品的比赛过程及获奖作品。这样重点突出，时间得到充分利用。

再次，关注全班同学的参与。"随后向学生作动员，给学生必要的准备时间。尤其要动员平时成绩一般、信心不足的同学。根据报名情况进行赛项分类并准备好相应材料及用品。"

最后，落实责任。主持人、班长、团支部书记、生活委员、宣传委员任务明确，各司其职。评委邀请到位，场地布置到位，甚至连班级文化墙开辟新栏目"星天地"专栏，准备展示获奖同学的照片和宣言这一后续工作也提前考虑好了。

这一系列课前的充分准备，将保证主题班会课的有效推进。而按照准备工作先后顺序的写法，也值得我们参考。

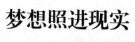

24 梦想照进现实
（实习总动员话题）

广东省深圳市第二职业技术学校　朱素娜

设计背景

　　教育部颁发的《中等职业学校德育大纲（2014年修订）》明确提出实习实训是实现德育目标的途径之一，明确要求"学校要结合实训实习的特点和内容，抓住中职学生与社会实际、生产实际、岗位实际以及一线劳动者密切接触的时机，进行以敬业爱岗、诚实守信为重点的职业道德教育，进行职业纪律和安全生产教育，培养学生爱劳动、爱劳动人民的情感，增强学生讲安全、守纪律、重质量、求效率的意识"。实习是中职学生第一次走向社会，体验与校园完全不同的生活状态，由此带来全新的感受，包括确定自己的职业角色和定位，培养职业素养，适应新的人际关系；实习也是学生提高专业技能，适应社会，提高综合素质的重要途径。

　　但大部分即将面临实习的学生，认为实习就是去做苦力打杂，对实习的重要性缺乏认识，并对即将踏上实习岗位感到茫然。因此，为了让学生能顺利踏上工作岗位与社会接轨，我们要让他们认识到实习的重要性，缓解实习前的焦虑，立足实际，明确自身努力的方向，把握好实习期，从而更好地从"校园人"向"职业人"过渡。

教育目标

　　1. 知识目标：引导学生树立正确的实习观，明白实习的重要性，对职场有初步了解，懂得如何为实习作准备。

　　2. 情感目标：激发学生参加实习的欲望，消除实习带来的焦虑感，感悟实习带来的个人成长和自我价值实现的成就感。

3.行为目标:学生能自觉制订实习准备计划并积极完成计划,为实习作好充分的准备。

1.学生排练情景剧。
2.学生制作个人简历、搜索"岗位需求资料"。
3.准备图片、动画和视频。
4.邀请校企合作公司的 HR 和上一届优秀实习生参加班会。
5.打印全班同学制作的个人简历 6 套(可根据小组数确定,保证每小组一套)。

一、情景演绎,诉心中烦恼

师:同学们,实习即将到来,听说有的同学忧心忡忡的,今天我们一起来看情景剧表演,放松放松。

(旁白:实习前夕,学校宣布要大家下企业实习,对未来充满迷茫的同学 A,独自走在校园哼着歌,遇上了同班同学 B。)
A:最近比较烦,比较烦,比较烦……
B:烦什么呢? 大好青春年华的。
A:还不是学校要我们去实习嘛! 你打算怎么办啊?
B:哎呀! 去什么去呀! 实习苦,实习累,实习还得自己垫生活费!
A:是啊,实习就是给别人当苦力,打杂! 可是我不去实习去干吗呢?
B:就是呀,我还不如去麦当劳兼职呢。
A:哎! 可我家里人和学校都逼我去实习啊,再说了,就算我想去实习,我也不知道需要作什么准备……
(两人陷入了沉思。)

师:感谢两位同学的精彩表演。同学们,是不是说出了你们的心声啊?

你们是否也有这种困惑?

（预设:有些学生回答,我也不太想去实习,又苦又累,感觉没什么用;另一些同学回答,我想去实习,可是不知如何作准备,好焦虑;等等。)

师:看来即将走向实习岗位的你们,大部分都茫然不知所措。今天就让我们一起走进职场课堂,揭开实习的神秘面纱。

二、简历PK,认识到实习的重要性

师:同学们,掌声欢迎校企合作的HR职业经理来到我们的班会现场。今天我们将通过以下小活动带领大家一起穿越职场! 今天还有一位神秘人一同参与哦! 现在开始我们的第一关体验——简历大PK:

（教师提前将收上来的简历隐去照片和名字,打乱顺序,并分别按1—40标出序号。)

师:同学们,你们课前都精心制作并上交了个人简历。但老师作了小小处理,你们简历上的照片和名字被我隐藏了,我还打乱了顺序,按1—40分别标出序号。现在请以小组为单位（全班分成6个小组）,根据简历信息,进行筛选并投票。假如你是企业的HR,谁会是你心目中的最佳员工人选?

（预设:学生的投票结果显示简历中荣誉多、社会实践经历多、学习好的同学,得票多。)

师:根据我们的投票结果,屏幕上方已经出现我们的热门人选前三甲。让我们一起详细研究一下这三份简历。

（ppt呈现票数最多的三份简历。)

师:获得票数最多的是简历A。谁投了简历A,请举手（采访投给简历A的同学）,你们投票时,重点会看什么?

（预设:学生回答,看简历的内容写得丰不丰富吧,很多都很简短。看学习成绩、看所获荣誉、看兼职经历、看社会实践等。)

师:那你们为什么会投给简历A呢?

（预设:学生回答,因为简历上显示这个同学不仅是学霸,还是学生会主席;有兼职经历,还在"创业一条街"创过业。)

师:同学们,你们能猜出这份简历是谁的吗?

（预设:大部分学生都能猜出来。)

师:你们真聪明,这位确实是我们班优秀的三好学生代表××,他平时忙碌于学生会的工作，还经常做兼职。看来平时多积累经验，增强自身的能力很重要啊！不然你简历上无内容可写，就会在 HR 初选时被淘汰掉！

师：刚刚我们看了我们班简历优秀的前三甲，我们再对比这位神秘人的简历（神秘人是有实习经历的优秀学长），假如你是 HR，你会选谁呢？

（预设：学生回答，当然是神秘人啊！因为他的简历内容更丰富，有实习经历，实习中参与了很多项目。）

师：看来，实习蛮重要啊，也许你与机会之间只差一份实习经历！俗话说，知己还要知彼。企业对人才的要求又是怎样的呢？请看屏幕（ppt 呈现相关专业的岗位需求）。

岗位职责：1. 负责公司网站、阿里巴巴平台、微信平台的更新和维护。2. 负责公司线上客户的回复、接待、报价、售后等工作。3. 负责公司具体产品的网络推广和销售。

任职要求：1. 计算机软件、网络开发、SEO、美术等相关专业毕业，或在网络优化、网络制作、美工方面有一技之长。2. 有很强的执行力，性格开朗，亲和力佳。3. 有责任心、耐心，愿通过共同努力与公司一起成长。4. 吃苦耐劳，踏实肯学。5. 有相关实习经验者优先。

福利：公司将提供底薪＋提成＋社保＋餐补＋节日福利＋员工旅游＋定期体检＋带薪年假＋年终分红＋定期工资上调。

师：同学们，你能获得以上这份工作吗？
（预设：学生回答，如果我这一年去实习，应该就有机会。）

三、穿越职场，悟实习之道

师：同学们，很多工作岗位都要求有实习经验，看来，我们与理想岗位之间，也许就差了一个实习经验。实习经验如此重要，那么职场究竟是什么样的呢？让我们一起穿越职场，"看一看职业现场"、"听一听职场故事"、"测一测职业道德"，为即将踏上实习岗位的你们，应该注意什么，避免哪些错误，进行答疑解惑！首先，让我们一起"看一看职业现场"。

同学们，请看下面的图片，指出不符合职场要求的地方（内容：上班时间有人玩手机，有人在电脑前逛淘宝、玩游戏、炒股、浏览与工作无关的网页等）。

（预设：学生回答，上班时间偷懒不敬业，上班时间玩手机，还有人用电脑玩游戏、聊天、炒股、逛淘宝，等等。）

师：一针见血，说得特别到位。职场第一"忌"就是懒，第一要求是"爱岗敬业"。实习中，作为"准职业人"，我们要勤奋踏实，提高工作效率。切记，勤能补拙，勤能圆梦，三分天注定，七分靠打拼，人生肯拼，梦定自圆。

同学们，让我们继续找茬，请看一则动画。（内容：张辉是一名快递员，业绩总是名列前茅，可有一次因一时贪心，收取了公司搞活动时本不用顾客承担的10元运费，张辉觉得不会有人注意到这件事。但过了两天，公司就接到了顾客的投诉电话。经公司调查决定，张辉不仅要代表公司上门向顾客道歉并双倍退还运费，还要被扣除当月的奖金，且还要在员工大会上作出检讨。）

师：同学们，你们觉得公司的惩罚会不会过重了？

（预设：有同学回答，不重，就该如此；也有人回答，太重了，小题大做，就十元罚得太重了。）

师：张辉错在哪儿？违反了职场的什么规定？

（预设：学生回答，贪心，不诚实守信，违反了公司的规定和纪律。）

师：你们总结得很对。职场第二"忌"就是贪。在实习和未来职场上，我们要控制贪欲，抵住诱惑，做到"诚实守信，遵规守纪"。

职场事无大小，遵规守纪很重要。请看下一段视频。（内容：2017年1月，浙江省中医院发生一则重大医疗事故：5名治疗者感染艾滋病病毒。这是一起因医务人员缺乏医疗安全意识引起的医疗事故。这名技术人员违反了"一人一管一抛弃"的操作规程，在操作中重复使用吸管，造成交叉感染。）

师：同学们，为何会发生如此荒唐的悲剧？

（预设：学生回答，缺乏安全意识，不负责任，工作习惯不好，违反操作规程等。）

师：同学们，安全第一！未来工作中，我们一定要牢记安全意识，严格遵守操作规范，确保自身和他人的生命安全！

同学们，通过"看一看职业现场"一起来找茬的活动，我们懂得了要爱岗敬业，诚实守信，讲安全守纪律。接下来，让我们来"听一听职场故事"：空调坏了吗？（出示课件）

盛夏七月，骄阳似火。一家跨国公司的外方代理人入住了四星级的珍珠大酒店。

进客房后他觉得室温偏高，便打开空调，欲吹冷风降温，可是怎么拨弄都不管用。于是他拨通了酒店大堂的电话进行报修。

不一会儿，维修工小乔就赶来了。只见小乔来回拨动了几下空调开关，空调通风口马上便吹出冷气——也许刚才空调发生了临时性的偶然故障，当小乔赶来检修时已恢复正常；也许是客人刚才使用空调开关不当，造成空调坏了的假象。

小乔便随口对客人说："先生，这空调没有坏。你看，这不正常工作？"

"什么？没有坏？那我为什么还要打电话报修？难道我没事找事？"客人听了小乔的话，很不高兴，带着不满的情绪责问小乔。

师：同学们，案例中小乔在服务中有何失误？为何会招来客人的不满？

（预设：学生回答，交流时用语不当。）

师：怎么不当呢？

（预设：学生回答，"这空调没有坏"这句话，否定客人报修的作为，伤了客人的自尊心。）

师：对于此类问题，小乔应如何妥善处理？

（预设：学生回答，"这空调刚才是有点毛病，现在好了，给您带来了不便，请见谅"。）

师：在实习和未来工作中，我们要注意讲话的方式与艺术，注重处理好人际关系。不仅对顾客，对上司和同事，我们都要做到待人有礼，诚心诚意！接下来让我们进行知识小竞赛"测一测职业道德"。全班同学起立，错一道题目就坐下，自动退出比赛。我们要讲诚信，勇于承认错误哦，题目如下。（课件出示）

判断题：

1. 在工作中，做事的能力要比做人的品质更重要。（否）

2. 无论什么工作，赚钱就行；无论什么工作，获利就行。（否）

3. 尽职工作既是对他人负责，也是对自己负责。（是）

4. 文明礼貌只是商业、服务业职工必须遵循的道德规范，与其他职业没有关系。（否）

5. 在工作中，承担的责任越多越好。（否）

选择题：

1. 员工小张，一贯准时上班，但一次上班途中，突遇倾盆大雨导致迟到，你认可以下哪种做法？（B）

A. 小张违反了公司规定，但是事出有因，情有可原，可以理解。

B. 应该严格按照公司规定，接受处罚。

C. 偶然一次，请求谅解。

D. 另寻其他公司，避免再迟到。

2. 如果领导交给你一项有一定规格要求和时间限定的工作，你最常用的做法是哪种？（B）

A. 按照有关要求，利用时间，按时完成。

B. 为了这项工作做得更完美，不惜花费自己的业余时间完成。

C. 等领导催问工作进展时，再赶紧去做，并按时完成。

D. 为了把这项工作做得完美，宁可多花时间，晚一些完成。

3. 你发现一个同事在工作中遇到困难，而你又具有解决这个困难的能力。在这种情况下，你会采取哪一种做法？（B）

A. 不主动去帮助，等他来找自己以后再提供帮助。

B. 在完成自己的工作以后，主动去帮助他。

C. 放下自己正在做的工作，主动去帮助他。

D. 让他在一旁看着，自己替他去解决问题。

4. 厂长让会计小林在账面上做些手脚，以减少纳税额，并对他说，若不这样做，小林的工作不保。假如你是小林，你认为以下哪种做法是可行的？（A）

A. 宁可被开除，也不做假账。

B. 向有关部门反映。

C. 做真假两本账，既能满足厂长的要求，又能保留证据。

D. 明确提出辞职。

5. 假如你是某公司的销售人员，在销售活动中，购买方代表向你索要回扣，你会采取哪种做法？（C）

A. 向公司领导请示，按领导指示办。

B. 为了与对方建立长期的供货关系，可给对方一定量的回扣。

C. 不给回扣，但可以考虑适当降低价格。

D. 考虑用小礼品替代回扣。

师：好，活动结束，恭喜全部答对的获胜者。接下来我采访一些同学，看看究竟错在哪一题上。

（采访同学 A。）

师：你错在哪道题目上？现在仔细想想知道为什么吗？

（预设：学生 A 回答，判断题第五题，仔细想想也不对。）

师：事事都去承担并不好，自己不了解的工作不要去管，否则只会导致意见分歧，祸害公司。

（采访同学 B。）

师：你错在哪道题目上？现在仔细想想知道为什么吗？

（预设：学生 B 回答，选择题第五题，我选择了 A：向公司领导请示，按领导指示办。我还是想不明白为什么会错。）

师：因为给回扣是一种不正当的竞争行为，违反了职业道德。同学们，刚刚我们在职场穿越了一番，从简历大 PK，"看一看职业现场"，"听一听职场故事"，到"测一测职业道德"，相信同学们对实习的重要性和在实习过程中该注意什么有了更清晰的认识。接下来我们有请校企合作公司的 HR 经理谈谈职场中最看重的素养并给出建议。下面掌声有请。

（HR 经理就以上学生最关心的话题进行解答。）

师：感谢 HR 经理！相信同学们已经摆脱了对企业未知的恐惧了。

（预设：学生点头微笑。）

四、明星学长，传授实习真经

师：同学们，上面提到的神秘人也来到了我们教室。想不想解开神秘竞争者的真实身份？

（预设：学生回答，当然想啊！）

师：掌声有请！（神秘人——学长上。）

学长：老师，您好！学弟学妹们好！

师：时间真快啊，你都实习一年了，如今已经成了一个"职业人"，接下来的时间交给你，跟学弟学妹们谈谈如何面对实习以及实习后的感受。

学长：看着你们，就犹如看到当年的自己。我开始对实习也很担心，觉得实习又苦又累，不想去。但真正进入实习阶段，我发现跟预想中的不同，整个过程累并快乐着。

实习时，你会发现终于有机会将学校所学的知识进行实践。有时也加班，但当我跟着其他同事一起解决某个难题，共同完成一个项目时，那种喜悦感和满足感，让我找到了自己存在的价值。当然，实习期间也有犯错的时候，可有师父耐心地指导我，让我迅速成长，慢慢地避免了不必要的错误。实习，让我收获了很多。所以，当我实习完，真正走上工作岗位时，我能很快适应工作岗位。

师：感谢学长的分享，接下来是自由对话互动环节，你们心中肯定还有不少的疑虑，现在可以向学长自由提问。

（预设：学生提问的内容，实习会遇到什么难题，怎样处理同事之间的关系，作哪些准备更有利于实习就业，等等。学长给予回答。）

师：感谢明星学长的现身说法和无私分享。相信大家如果能脚踏实地地参加实习，一定也能像学长一样优秀！一定能遇见未来优秀的自己！

五、布置作业，制订实习计划

师：同学们，请根据自身的情况，制订出一份实习准备计划表，并让3位同学签字作为监督人。下周班会课进行分享。

知识需要体验，灵感需要在实践中寻找。相信你们已经整装待发。要坚信，沉得下心积累土，才能筑就高山，静得下心汇河流，终能成就大海！让我们以昂扬的激情，踏上实习征程，遇见更优秀的自己！

点　评

提高语言技巧

主题班会课，班主任要和学生很好地进行交流，成功地引导学生，语言的艺术就显得尤为重要。这节课中，朱老师的语言就很出彩。

轻松活泼。如课的导入阶段，"同学们，实习即将到来，听说有的同学忧心忡忡的，今天我们一起来看情景剧表演，放松放松"。话语轻松活泼，迅速进入本课特设的情景。"要坚信，沉得下心积累土，才能筑就高山，静得下心汇河流，终能成就大海！让我们以昂扬的激情，踏上实习征程，遇见更优秀的自己"。语言的轻松活泼借助于比喻、排比、反复等修辞手法的综合运用。在课的推进过程、课的总结阶段，我们都能感受到朱老师轻松活泼的话语。

准确有力。在带领学生穿越职场，"看一看职业现场"时，朱老师指出："职场第一'忌'就是懒，第一要求是'爱岗敬业'。""职场第二'忌'就是贪。在实习和未来职场上，我们要控制贪欲，抵住诱惑，做到'诚实守信，遵规守纪'。"这一番话，准确地阐明了职场的注意事项，掷地有声，发人深省。准确有力的语言源自教师对生活的认识，对阐述事理的自信。

富有激情。从开场到结语，通观全课，我们为朱老师富有激情的语言所感动。在师生对话中，情感的交流是非常重要的，而情感的交流首先是通过语言来表达的。怎样的语言能感动学生？应该是基于学生立场的真实告白。老师要研究学生，从学生角度观察世界、分析问题。怎样的语言能感动学生？应该是着眼学生发展的真切指导。老师要思考未来，从学生角度晓以利害，导以方法。

这样才能引起共鸣，走入学生的内心。

应该说，每位老师的语言特色是不同的。有的幽默，有的细腻，有的富有哲理。但冷淡、粗暴、敷衍是绝对不行的。

在班主任专业化不断发展的背景下，班主任要不断提高自己的语言表达技巧。当然，提高语言技巧并非一日之功，需要不断地学习、借鉴。主题班会课就是班主任学习实践的用武之地。

拿什么打动你的面试官
（企业面试技巧话题）

辽宁省大连交通技师学院　李瑞雪

教育部《中等职业学校德育大纲（2014年修订）》中明确要求"学校要在职业指导工作中全面渗透德育内容，加强职业意识、职业理想、职业道德和创业教育，引导学生树立正确的择业观，养成良好的职业道德行为，提高就业创业能力。加强就业服务，提高就业服务的水平和质量"。

求职面试是每个中职毕业生找工作的重要环节，它直接关系着求职的成败，也影响着未来事业的发展。即将面临就业的中职学生，往往对于面试礼仪、面试技巧不甚了解，甚至对面试心存恐惧。因此要将面试礼仪及能力的训练融入到班级管理工作中，以主题班会为抓手，提升学生应对面试的综合能力。

教育目标

1. 帮助学生了解和掌握面试的有关知识。
2. 提高面试技巧，作好就业准备。
3. 明确职业目标，有方向性地学习专业知识，促进自身综合素质的全面发展。

课前准备

1. 桌椅布置，在教室中间布置面试场地（准备好桌椅、席卡等）。准备抽签软件。

2. 每位同学准备一份求职简历。

3. 邀请学校专业老师或企业主管扮演面试官。

师：同学们好，校园时光是最美的时光，纵然我们恋恋不舍，也迎来了我们求学生涯的最后一年。明年我们将面临就业，而就业的前提是赢得一场成功的面试。

面试是我们从学生成为一个社会人的关键环节。脱离了父母的守护，没有了老师的指导，如何迈好踏入社会的第一步，是我们必须思考和面对的，那么我们究竟拿什么打动面试官呢？今天就让我们一起来体验、学习和分享。

一、观看视频，讨论成败

师：首先我们一起看一段视频。看时，请思考这段视频中的女孩能否面试成功，并说明原因。（播放视频。视频简介：一个穿着暴露的女生，进入面试场地，举止轻浮，动作夸张，面对面试官的提问，答不对题，笑料百出。）

（学生观看视频。）

师：我发现同学们看得很认真，现在我们来讨论，你们认为这个女孩面试能成功吗？

（预设：学生回答，她衣着过于暴露，动作过于张扬，回答问题自以为是，面试应该不会成功，等等。）

师：她面试确实没有成功。很多同学觉得视频中的女孩很可笑，其实在生活中这样的例子也不少。如果我们对面试不够重视，又自以为是，很容易在面试中失利，甚至闹出笑话。那么，现在我们就一起来完成一次模拟面试。

二、现场模拟，体验感悟

师：今天参与本次模拟面试的学生有 2 名，面试官有 5 名。每轮面试环节，去掉一个最高分，去掉一个最低分，算出平均分，最终得分高的为面试中的优胜者。现在请面试官入席。

（面试官入席。）

师：现在我们随机抽出 2 名同学参加面试。

（老师通过抽签软件现场抽签，确定 2 名同学。）

师：首先进行第一个环节：自我介绍。应聘同学作 2 分钟的自我介绍，如姓名、毕业于哪里、兴趣爱好、优缺点等内容。总分 30 分。有请第一位面试的同学。

（应聘者 A 介绍。面试官亮分。）

师：有请第二位面试的同学。

（应聘者 B 介绍。面试官亮分。）

师：现在进行第二个环节：职场问答。本环节满分 40 分，每题 20 分，共计 2 题。面试官问，应聘者依次回答。有请面试官出题：

面试官提问：1. 你认为你的学习和工作经历对你应聘本职位有什么作用？

（应聘者 A、应聘者 B 依次回答。面试官亮分。）

面试官提问：2. 有人做事注意细节，有人做事注意重点，你如何看待这两种态度？

（应聘者 A、应聘者 B 依次回答。面试官亮分。）

师：现在进行第三个环节：机智应变。请现场同学对 2 名应聘者进行提问。面试官评分。本环节满分为 30 分。

（现场同学提问。应聘者 A、应聘者 B 依次回答。面试官亮分。）

师：感谢同学们的积极参与。现在评分结果出来了，我们有请面试官讲评。

面试官：第一环节，A 同学语言表达简洁、生动，自我介绍中兴趣爱好比较丰富，实习经历和社会实践经验丰富；B 同学语言表达简单，自我介绍比较简单，实习经历丰富，但社会实践经验比较简单。第二环节，A 同学回答第一题，紧扣自己的实践，回答问题有理有据，回答第二题，能够辩证地分析问题；B 同学回答第一题，因为实践不够，回答问题底气不足，回答第二题，没有能够辩证地分析。我们既要注意细节，又要注意重点。两者兼顾，才能做好工作。第三环节，A 同学注意聆听同学的提问，回答问题比较机智，有自己的见解；B 同学语言表达通顺，但不够简练，分析问题思路基本清晰，但强调自己的观点时不注意礼貌。总体来说，A 同学表现更为出色。我们拟录用 A 同学。

三、研讨案例，指导方法

师：模拟面试环节结束了，同学们肯定有所思有所想。面试的成与败，影响因素很多，关键是要打动你的面试官。那么我们怎样才能打动面试官呢？接下来，分析几个案例供大家参考。首先看第一个案例（出示课件）：

小付是一名应届毕业生，得知一家电缆厂在招聘销售人员，认真准备简历后，小付来到了面试现场。

"那次面试是在一个大教室，来了很多人，但同学们进教室后都选择离讲台较远的后排坐下了，随后就和旁边的同学聊了起来。"小付回忆说。这时前排空荡荡的，而对于平时就习惯坐在第一排听课的小付来说，在这样的场合勇敢坐到第一排也算是个挑战，于是她决定坐到第一排去。理由很简单："面试老师提出的问题，我能听得清楚些。"

此时的教室"坐阵"形成了两个极端，第一排一个人，后面直到第三排才开始有同学坐。正当大家都在窃窃私语等待面试时，面试官说话了："第一排这位同学，你第一个被录取了。"这让大家都感到有些惊讶甚至不解。

师：咱们一起来讨论一下，为什么这位同学会被录取？

（预设：学生回答，面试官欣赏的是她的勇气，她的自信，她的积极向上的态度，她的与众不同；一个勇敢的人，一个自信的人，一个积极向上的人，一个与众不同的人，是企业需要的人；等等。）

师：录取理由是这样的：求职者的积极性非常重要，尤其是销售岗位的人员，应该主动接近我们的目标客户。在面试现场，我们就是求职者的目标客户。可以说，小付打动面试官的是应聘者的积极态度。

现在我们再来看第二个案例（出示课件）：

说起应聘，小罗是感慨万千，那次经历让她至今难忘。

"那次我去的是一家时尚类的杂志社，我从来不穿正装，所以那次面试也没有准备。"对于平时不太在意打扮的小罗来说，这次面试也还是如往常一样。

得知室友要去一家时尚类的杂志社面试，小罗宿舍的同学便开始帮她参谋，一定要"包装"一下。

"室友给我化了妆，还让我穿得时尚一些，刚开始有些不适应，但想想也对，要从事这个工作，首先得适应这个环境。"

在室友的精心包装下，小罗豁出去了，挑战了自己的心理极限。来到面试现场，小罗的穿着打扮在同一批求职者中很显眼，很快就引起了面试官们的注意。经过简单的交流，小罗被录用了。

师：咱们一起讨论一下，为什么这位同学会被录取？

（预设：学生回答，合适的着装和礼仪，重点是结合岗位需求提前作好准备，等等。）

师：录取理由是这样的：要做好工作，首先得喜欢，融入其中，非常重要。杂志社人力资源负责人解释道："我们是一家时尚类的杂志社，非常注重求职者的形象气质。恰当的装扮能让面试官眼前一亮，同时也说明求职者对此次面试非常重视。"可以说，打动面试官的是应聘者的勇敢选择。

现在我们再来看第三个案例（出示课件）：

小张在求职网站上，找到了一个适合自己的工作，她满心欢喜地前去面试。但到了面试地点，她发现情况不容乐观：一是报名者多，而录取名额只有1人；二是还有大学毕业生也来参加竞争。她估计自己的胜算不大。

面试开始，在回答了面试官的几个问题后，忽然一个面试官用英语发问："你简历上写着特长是英语，请用英语介绍一下自己。"小张愣了一下，随即作答。应答过程中，面试官频频出题，小张从容应答。

最后小张被录取。后来小张才知道，那个用英语发问的面试官原以为小张和其他应聘者一样，不能用口语自如应答，那样就难以适应公司发展的需要。小张感慨，在校三年，每天坚持练习英语口语，参加英语社团活动，终于派上了用场。

师：为什么小张同学会被录取？

（预设：学生回答，英语口语好，准备充分，等等。）

师：录取理由是这样的：机会是留给准备更充分的人的，准备更充分的人往往更努力。面试官解释道："即使是名校大学生，很多人也难以把英语作为沟通的工具，只当成得分的武器。"可以说，打动面试官的是应聘者的努力付出和出色的专长。

四、再出难题，开拓思路

师：职场新人在求职的时候，一定要有充分的思想准备，思考自己是否适合这份工作，以及拿什么去打动面试官。面试官的问题一般有五大类：学习经历类，行业了解类，个性特点类，工作习惯类，自我发展期望类。这几类问题，你们都要事先准备一下。

面对任何工作机会，大家都要倍加珍惜，就算你们最终没能被聘用，起码也认识了面试官，拓展了人脉，面试结束后可以尝试要一张面试官的名片。

现在老师想再出一道难题，考考同学们：

我校是交通技师学院，很多学生毕业后要进入地铁系统面试。如果你是地铁站的一名站务员，在值班的过程中，你遇到了如下情况该怎么办呢？

一对夫妻带着一个身高1.5m的孩子和一只狗，在未给孩子买票的情况下，想要进站乘车，被站务员制止。孩子的爸妈说，孩子是自闭症儿童，家中经济不宽裕，应该不用买票；狗是孩子喜欢的，孩子离不开这只狗，离开就无法控制情绪，所以必须带狗进站。

（预设：有的学生回答，可以照顾一下；有的回答，宠物是不可以带进站的，很难办；有的回答，问领导吧；等等。）

师：大家都动了脑筋。我们一起来看一下这样的问题应该怎样处理。

首先，把握好基本原则，在遵照乘客守则和地铁员工相关条例的情况下，以不伤害乘客的自尊心为前提，我们要努力解决问题。

其次，可参考以下具体方法：

1. 向乘客说明情况，超过1.2m的孩子需要购票乘车，但宠物狗不能带进地铁；建议乘客家长一人陪孩子乘车，一人带狗回家。

2. 若未达成一致，需要将此事上报给值班站长，汇报时应说明情况。根据站长指导，按照操作流程处理。

3. 原则和制度是不可逾越的。但可以尽自己的微薄之力，比如在同意不带宠物狗的情况下，帮孩子购买一张车票。

通过这道题目，老师想告诉大家，生活处处是考场，我们需要不断地学习，不断地提升。

五、总结归纳，激励前进

师：今天的主题班会是学习，是体验，是分享，是提高。真正的面试将等着我们。相信只要我们作好准备，就能从容应对复杂的面试，从而获得成功。

利弊得失，只有你自己最清楚，该坚持的一定要坚持，该放弃的一定要放弃。学会一专多能，学会承受压力。脚踏实地、刻苦勤奋地过好你在学校的每一天，那么任何一位面试官都会欢迎你的到来。

点　评

走向美好的明天

这是本书的最后一篇教案，但不是中职校阶段的最后一节班会课。中职校的最后一节班会课，一般是深情的总结课，是真情的话别课，是激情的祝福课。选本篇作为本书的结束篇，也是表达我们对新生活的企盼，对美好明天的向往。

班会课是班主任的重要阵地，上好班会课是班主任的核心技能。这些年来，我们对班会课作了许多研究，也取得了不少成果。但社会不断发展，需要我们不断加强研究。

"拿什么打动你的面试官"这样的主题班会，可能许多班级没有搞过。作者在报选题时，我感到眼前一亮，立刻确定列为备选题。但第一稿交来时，我感到不够理想，内容比较简单，主要是指导学生如何化妆。我认为这不能满足学生实际面试中的需要。

非常感谢李老师，在繁忙的工作中，多次讨论，反复修改，终于形成了本课的教案。"拿什么打动你的面试官"，本课以丰富的案例和互动的活动，告诉我们面试成功需要日常的积累，需要积极的态度，需要勇敢的选择，需要努力付出和出色的专长，需要不断地学习、不断地提升。这样的班会设计，相信会得到更多班主任的喜爱。

李老师和学生又通过实际上课，进行了验证。"终于成功了！"李老师欣喜地告诉我上课的结果，发来的照片也展现了生动的课堂。

从无到有，从粗框到精细，从一般到出色。本书的许多教案都经过了这样的打磨过程。"天下事有难易乎？为之，则难者亦易矣，不为，则易者亦难矣。"

　　心存美好愿望，脚踏坚实大地，我们一起努力，开创班会课研究的新局面，开辟班主任专业化发展的新天地。

　　让我们携手走向美好的明天！

图书在版编目（CIP）数据

魅力班会课（中职校卷）／丁如许主编 .—上海：华东师范大学出版社，2017
ISBN 978-7-5675-6927-0

Ⅰ.①魅... Ⅱ.①丁... Ⅲ.①班会—中等专业学校—教学参考资料
Ⅳ.① G635.5

中国版本图书馆 CIP 数据核字（2017）第 227183 号

大夏书系·全国中小学班主任培训用书·"魅力班会课"系列丛书

魅力班会课（中职校卷）

主　　编　　丁如许
策划编辑　　李永梅
审读编辑　　万丽丽
封面设计　　奇文云海·设计顾问

出版发行　　华东师范大学出版社
社　　址　　上海市中山北路 3663 号　邮编　200062
网　　址　　www.ecnupress.com.cn
电　　话　　021－60821666　行政传真　021－62572105
客服电话　　021－62865537
邮购电话　　021－62869887　地址　上海市中山北路 3663 号华东师范大学校内先锋路口
网　　店　　http：//hdsdcbs.tmall.com

印 刷 者　　北京密兴印刷有限公司
开　　本　　700×1000　16 开
插　　页　　1
印　　张　　14
字　　数　　200 千字
版　　次　　2017 年 10 月第一版
印　　次　　2017 年 10 月第一次
印　　数　　6 100
书　　号　　ISBN 978－7－5675－6927－0/G·10623
定　　价　　42.00 元

出 版 人　　王　焰

（如发现本版图书有印订质量问题，请寄回本社市场部调换或电话 021-62865537 联系）